블록체인 매니지먼트

## 블록체인 매니지먼트

**초판 1쇄 발행**  2018년 2월 14일

| | |
|---|---|
| **지은이** | 양정훈·양정욱 |
| **펴낸이** | 변선욱 |
| **펴낸곳** | 왕의서재 |
| **마케팅** | 변창욱 |
| **디자인** | 꿈지락 |

| | |
|---|---|
| **출판등록** | 2008년 7월 25일 제313-2008-120호 |
| **주소** | 서울시 양천구 목동서로 186(목동 919) 성우네트빌 1411호 |
| **전화** | 02-3142-8004 |
| **팩스** | 02-3142-8011 |
| **이메일** | latentman75@gmail.com |
| **블로그** | blog.naver.com/kinglib |

**ISBN**  979-11-86615-31-7  13320

책값은 표지 뒤쪽에 있습니다.
파본은 구입하신 서점에서 교환해드립니다.

ⓒ 양정훈·양정욱
이 책은 저작권법에 따라 보호받는 저작물이므로 무단복제를 금지하며
이 책 내용을 이용하려면 저작권자와 왕의서재의 서면동의를 받아야 합니다.

이 도서의 국립중앙도서관 출판예정도서목록(CIP)은 서지정보유통지원시스템 홈페이지
(http://seoji.nl.go.kr)와 국가자료공동목록시스템(http://www.nl.go.kr/kolisnet)에서
이용하실 수 있습니다.(CIP제어번호: CIP2018002832)

블록체인이 경영에 접목될 때 일어날 창조적 혁신

# 블록체인
Blockchain Management
# 매니지먼트

양정훈·양정욱 지음

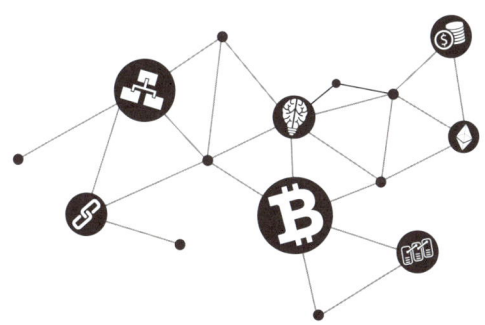

헤리티지
HERITAGE

## 프롤로그

순간의 선택이 십 년을 좌우하는지는 모르겠지만, 대입 때 결정한 학과의 선택은 4년을 좌우했다. 경제통상학과를 다녔다. 무역을 중심으로 경제, 경영, 마케팅을 배우는 학문이었다. 주워들은 시간이 3년을 넘자 등록금으로만 날리기 아까웠다.

실제 삶에 얼마나 유용한가 싶어 대학 3학년 때 사업을 해보기로 했다. 젊은 녀석이 취직 준비해서 좋은 직장이나 잡으라고 한마디 하실 줄 알았는데, 부모님은 그러지 않으셨다. 사업하시던 아버지는 큰 힘이 된 조언을 해주셨다.

"남들이 실패라고 말해도 젊을 때 하는 도전은 그 자체로 경험이다. 네 인생을 돌아보면 좋은 밑거름이 될 거다"

실패도 좋지만, 성공이 더 간절했다. 과정은 나만 알지만, 결과는 남들도 보고 그들은 결과만으로 타인의 인생을 평가하는 법이니까.

1999년도부터 학교 근처에서 자취방을 개조해 사무실을 만들어 사업을 시작했다. 당시 국제통화기금에 돈을 빌린 대한민국은 모욕적이고 고통스러운 시절을 겪었지만, 밀레니엄 시대를 준비하면서 전국은 IT 인프라가 깔리며 조금씩 벤처 붐을 타기 시작했다. 도전하면 뭔가 이뤄질 것 같은 꿈들이 이 땅에 스며들었다.

사업 아이템은 전자상거래 비즈니스였다. 유통 구조를 줄여 전공, 자격증 서적을 학우들에게 싸게 공급했다. 터줏대감으로 자리 잡은 교내 대형 서점이 경쟁업체였다. 우리가 게시판에 붙인 안내장은 수시로 없어지곤 했다.

학생 주제에 사업한다고 저녁에는 서울에 있는 전자상거래 경영자 과정에도 참석했다. 최연소로 선배들과 인연을 맺었다. 젊은 친구가 비즈니스를 시작한다며 많은 분이 관심을 가져주셨다.

어린 경영자지만 일하다 보니 기술이 필요했다. 주말에는 다양한 IT 자격증을 땄다. 낮에는 학교 다니고, 수업 끝나면 사업계획서 만들며 마케팅하고, 저녁에는 관계자 만나는 시간이 이어졌다. 밤에는 개발자를 독려하며 사이트를 구축하다가 새벽에 잠들고 아침에 다시 수업을 들으러 갔다.

정신없던 학창시절이 끝나는 시점에서 사업을 계속할까, 직장을 잡을까 고민하다가 새로 생긴 IT 회사에 신입으로 다시 시작하기로 마음먹었다. 교내에서는 인정받는 벤처 조직이었고 상도 제법 탔지만, 울타리 안 비즈니스라고 판단했다.

세상은 더 빨리 바뀌는데 학교의 보호 아래 장소와 인건비를 해결한다는 게 마음에 들지 않았다. 무엇보다도 조직구조와 리더십을 배우고 싶었다.

함께한 스타팅 멤버가 5명일 때는 어떻게든 이끌었는데, 20명이 넘으니까 인간의 자율성과 탐욕 사이의 질서를 조절하기가 어려웠다. 불필요한 위계질서가 생기고, 대기업 입사를 위해 경력 한 줄 넣으려고 기웃

거리는 사람들이 생겼다. 어차피 내 돈 아니라는 마음에 비품을 가져가거나 마케팅 비용으로 책정한 돈을 술자리에 쓰면서도 죄책감을 보이지 않는 사람도 보았다.

여기저기 비용 새는 소리가 들렸다. 무엇보다 필자는 어렸다. 신체적으로 어렸다기보다는 사람들을 이끌 만큼 정신적으로 성숙하지 못했다. 외형적 성장보다는 내면의 실패를 인정해야 하는 시기였다.

새롭게 입사한 IT 회사는 테헤란로에 있었다. 지금도 그렇지만 당시 테헤란로의 IT 회사들은 눈코 뜰 새 없이 돌아가며 새로운 비즈니스 모델과 생태계를 만들었다. 그렇게 벤처기업, 코스닥 상장기업이던 S/W 총판회사, 대기업 SI 회사를 거쳤다.

호황과 거품을 함께 겪으며 진짜배기 IT 기업들이 살아남는 현실을 지켜봤다. 수많은 서비스가 나타났다가 사라졌지만, 시스코 등 인프라를 깔아주는 회사들은 크게 성장했다. 무엇을 하든 데이터베이스(DB)

가 기반이 되어야 하는 비즈니스라 오라클과 서버 관련 기업들도 급성장했다.

프로그램을 만드는 회사는 윈도 같은 운영체제(OS)를 만드는 회사에는 게임이 되지 못했다. 플랫폼의 중요성을 절실히 느낄 수 있었다. IT 회사에 있다가 모바일로 넘어가는 생태계를 경험했다. 결국, 모바일 운영체제의 강자는 구글과 애플로 정리됐다.

IT 회사에서 IT 이야기만 읊어대다가 궁극적으로 내가 관심 있는 건 IT가 아니라 '사람'이라는 걸 알았다. 기술을 활용해 이득을 보고, 더 나은 삶을 누려야 하는 건 인간이어야 한다는 결론이었다.

네 번째 직장은 교육업이었다. 인생의 큰 전환점이 된 때다. 기존 경험, 인맥, 그리고 지식을 내려놓아야 했다. 고통스럽지만 변화에는 고통이 뒤따른다는 사실을 받아들였다. 사람을 배우고, 사람을 변화시킬 수 있다는 희망에 다시 한번 삶을 불태우기로 했다.

교육 분야에서 글을 읽고 책을 쓰고 직장을 다니고, 강의하면서 다시 13년을 보냈다. 한국리더십센터에서 리더십 FT(퍼실리테이터)와 코치를 거쳐 포스코 HR 인재혁신실에서 인사와 관련한 조직 문화, 스마트 워크, 사내 코칭 센터를 운영했다. 임원급까지 코칭을 하며 수많은 사람의 내면과 인간군상을 접할 수 있었다.

필자가 느끼는 대한민국은 큰 성장통을 치르고 있다. 잘하고 싶지만, 방법을 몰라 갈팡질팡한다. 관계를 맺어야 했지만, 상처를 보듬을 줄 모른다. 앞으로 나아가면서 수없이 넘어지는 조직들에는 책상 유무나 노트북 성능 같은 물리적 문제보다는 대부분 형이상학적인 문제들이 존재했다.

나는 대한민국의 미래를 꿈꾼다. 더 정확히 말하면 사람의 미래를 꿈꾼다. 자전거를 탈 수 있는 사람은 자전거 타기를 꿈꾸지 않는 것처럼 꿈꾼다는 건 지금 현실이 그렇지 못하다는 방증이다.

목표를 아직 이루지 못했다. 십 년을 넘게 교육 분야에 있으면서 조직 문화, 리더십, 경제 경영, IT 이야기를 했지만, 현실의 장벽은 늘 존재했다. '이 문제를 어떤 식으로 접근해야 가장 효과적이고 효율적으로 해결할 수 있을까?', '정말 멋진 조직 문화, 효율적인 경영, 가치 있는 인간의 삶이란 이 땅에서 정말 요원한 일일까?' 매번 도전했지만 풀리지 않는 인생의 화두였다.

블록체인 기술을 만났다. 맨 처음 나올 때는 빅데이터, 인공지능(AI), 사물인터넷(IoT) 등 수많은 IT 트렌드 중 하나인 줄만 알았다. 스치고 지나갈 뻔하다 다양한 국외 자료, 테드(TED) 영상, 번역서 등을 꾸준히 접했다. 뭔가 알아봐야겠다고 생각했다.

기술을 공부하다가 평소 고민하던 경영 분야와 결합하며 정신이 번쩍 띄었다. 블록체인 매니지먼트는 쉽게 표현하자면 '기술로 구현될 수 있는 신뢰 경영'이고 '디지털 기술로 완성하는 경제 민주주의'였다. 직원들에게 창조나 열정을 강요할 필요 없이 자연스럽게 신뢰를 통해 최고의 헌신과 몰입을 끌어내는 최선의 기술. 준비하는 기업과 조직에 큰 기회가 다가오는 게 보였다. '그래. 이거다!'

 꿈이 있는 사람은 비틀거릴지언정 앞으로 나아가기를 멈추지 않는다. 백인들과 함께 버스를 타면 흑인이 폭행을 당하던 시절, 마틴 루서 킹은 백인과 흑인이 피부 색깔로 차별받지 않는 세상을 꿈꿨다.
 이순신은 조선이 대부분 함락되던 순간에도 자신의 역량으로 왜군을 궤멸해 백성에게 평화를 가져다주기를 포기하지 않았다. 부패와 탐욕의 스캔들로 얼룩진 미국에서 '월가를 점령하라'[*]라는 구호로 모인 사람들 덕분에 세상은 자본주의의 의미를 돌아봤다. 〈타임스〉 경제 분야 편집

---

[*] 머니투데이 《'월가 점령' 거세지는 시위의 불길.. 해외로도 번지나, 2011.10 》https://goo.gl/pYke6Z

장 아나톨 칼레츠키는 더 신랄하다.

"효율적인 시장이 모든 문제를 해결할 수 있다는 신고전학파 경제학의 이론적 가정은 선전 구호의 형태로 타락했습니다. 세상을 이해하는 방식의 근본적인 변화가 필요합니다. 정치와 경제, 정부와 시장의 관계를 새롭게 정의해 자본주의 시스템의 구조적 전환을 이루어야 합니다."*

이 책은 조직에 일어나는 비효율을 어떻게 하면 블록체인 기술을 접목해 효율적인 조직으로 만들 수 있을까를 고민한 결과물이다. 어떻게 하면 이상적인 철학을 구현할 경영 방법을 도입할까, 어떻게 하면 인간의 욕망을 올바른 방향으로 함께 발전시킬 수 있을까를 탐험한 결과물이다.

많은 대한민국 기업이 이를 시도하리라 믿는다. 그들의 생존과 성공

---

* 아나톨 칼레츠키 《자본주의 4.0: 신자유주의를 대체할 새로운 경제 패러다임》. 컬처앤스토리

을 바라서다.

 포스코는 스마트 워크 차원에서 몇 가지를 시도했다. 그중 하나가 강남에 있는 빌딩의 한 층을 터서 '휴식 공간 + 문화 공간'을 만든 거다. 한 층이라도 더 임대하면 수익을 높일 거로 생각할 수도 있지만, 직원을 배려한 회사는 창의적인 공간 속에서 더 많은 아이디어를 얻고 조직 문화를 부드럽게 바꿨다.

 소비자를 이해하지 못하면 고객을 빼앗기듯, 조직원인 인간을 이해하지 못하면 조직은 무너진다. 좋은 제도와 정책은 '사람을 좀 아는 회사인 줄 알았는데 아니잖아?' 하면서 다른 회사로 이직할 가능성을 차단해준다.

 좋은 프로그램은 단발성으로 끝나서는 안 된다. 좋은 프로그램은 시스템으로 자리 잡아야 한다. 뒤에서 몇 번이나 이야기하겠지만, 사람은 잘 바뀌지 않는다. 개별 변화를 믿는 건 성품을 믿기보다 훨씬 어렵다.

한 개인의 성품만 믿는 건 좋은 시스템을 믿는 것보다 비효율적이다. 이 책은 우리 앞에 성큼 다가올 '기술' 이야기며, '사람'과 '시스템' 이야기다.

현존하는 IT 기술, 도래하는 블록체인 개념, 바뀌고 있는 조직구조를 기반으로 이야기를 풀었다. 한발 먼저 준비하려는 이들에게 도움이 되고자 자료를 집대성하고 축적된 경험과 사례를 소개하며 책을 집필했다. 언제 구현될지의 차이일 뿐 인터넷처럼 대부분 도래할 미래라고 확신한다.

조직 관리나 경영에 관심은 있지만, IT 기술에 이해가 부족한 사람은 눈여겨보기 바란다. 첫 장부터 하나씩 읽어보면 한국에서 활용한 각종 IT 서비스나 쉬운 비유를 통해서 이해할 수 있도록 했다. 만약 블록체인에 어느 정도 이해가 있다면 블록체인 비즈니스나 블록체인 매니지먼트 파트로 바로 넘어가도 좋다.

벤처 캐피털리스트인 마크 앤드리슨이 〈월스트리트 저널〉에 기고한 '왜 소프트웨어가 세상을 삼키고 있는가(Why Software is Eating the World)'에서 "소프트웨어, 하드웨어, 네트워크, 데이터 등 디지털 세상이 비즈니스 업계에 물밀 듯이 들어오고 있다"라며 경영자들의 각성을 촉구했다. 다음 세상을 제대로 준비하고 싶다면 블록체인이 만들어갈 거대한 비즈니스 물결에 올라타 보자.

마지막으로 이 책이 나오기 20년 전, 대학생 아들에게 기업가 정신을 심어준 아버지께 감사의 말씀을 전한다.

"아버지. 아버지께서 힘들게 비즈니스를 했던 시기보다 더 많은 기회와 공정한 과정이 우리와 다음 세대에 오고 있어요. 더 나은 세상을 만들게요. 사랑합니다."

# Contents

프롤로그     4

## 1 반보 앞의 기회를 누가 먼저 잡을 것인가

300일이면 세상을 바꿀 준비를 할 수 있다     23
대한민국은 현재…     26
기회를 잡는 사람들의 공통점     30

## 2 블록체인에 주목하라

블록체인이란     35
암호화폐로 본 블록체인의 특징     40
블록체인의 매력     49
신뢰 바탕의 비즈니스가 생긴다     53

Blockchain Management

## 3 용암처럼 꿈틀대는 블록체인 비즈니스

| | |
|---|---|
| 기존 비즈니스의 문제점 | 61 |
| 비슷하면서 비슷하지 않은 비즈니스 | 65 |
| N X N만큼의 기회 | 68 |
| 블록체인을 활용하기 시작한 글로벌 기업들 | 71 |

## 4 인간과 조직

| | |
|---|---|
| 조직의 변천사 | 81 |
| 동기부여의 삼각대 | 84 |
| 조직과 함께할 밀레니얼 세대의 특징 | 89 |
| 경영의 착각 | 93 |
| 당신의 조직은 이렇지 않습니까? : 인간을 도구로 생각한다 | 96 |
| 당신의 조직은 이렇지 않습니까? : 리더 만능주의 | 101 |
| 당신의 조직은 이렇지 않습니까? : 수직 구조 | 104 |
| 불합리한 구조 속에서 파괴돼 가는 인간성 | 109 |

# Contents

## 5 블록체인 매니지먼트

블록체인 매니지먼트란     115
블록체인 기술을 현실로 만드는 도전들     121
블록체인 매니지먼트의 마법     129

## 6 블록체인을 어떻게 경영 현장에 접목할까?

조직을 만들 때 1: 자금을 획기적으로 조달할 수 있다     137
조직을 만들 때 2: 내부에서 TFT를 만들 때 스마트 컨트랙트를 작성하라     145
조직을 만들 때 3: 채용이 100배 정확해지고 간편해진다     148
조직을 운영할 때 1: 아이디어와 콘텐츠가 봇물을 이룬다     153
조직을 운영할 때 2: 투명도를 높여 불미스러운 사고가 사라진다     157
조직을 운영할 때 3: 고객 DB를 블록체인화해 타 비즈니스와 연계한다     160
조직을 운영할 때 4: 어떤 외부 비즈니스와도 결합할 수 있다     163

조직을 운영할 때 5: 임원이나 팀장을 뽑고, 권한을 위임할 때 갈등이 사라진다     167

조직을 운영할 때 6: 물품 오남용이나 도난 사고가 사라진다     171

조직을 운영할 때 7: 비용에서부터 성과급까지 회계 관리가 투명해진다     174

조직을 마무리할 때: 이전 DB로부터 핸재 조직의 신뢰가 커진다     179

블록체인 매니지먼트를 위한 과제들     182

[부록] 블록체인 매니지먼트를 위한 체크리스트     187

## 7  블록체인 매니지먼트를 구축하는 프로세스

단계 I. 목표 설정하기(To be) _ 확신 | 학습조직 구축 | 비전 공유와 확산     192

단계 II. 도전과제 인식하기(As is) _ 현실 점검 | 문제 발굴 | 전략 수립     198

단계 III. 집중해서 실행하기(Action) _ 조직 구축 | 서비스 구축 | 실제 경영과 연계     204

단계 IV. 점검과 유지(Feedback) _ 모니터링 / 반복 / 조직 문화     209

마지막 단계 _ 신념의 힘 / 버닝맨을 꿈꾸며 / 나는 당신을 봅니다     216

# 1

## 반보 앞의 기회를
## 누가 먼저 잡을 것인가

# 300일이면 세상을 바꿀 준비를 할 수 있다

구글의 주가는 2004년 9월 3일, 50달러였다. 2017년 말 기준으로는 1,068달러다. 아마존은 더 극적이다. 1997년 6월 27일 1.48달러였던 인터넷 책방은 1,168달러가 됐다. 단순하게 1,100원 환율로 치더라도 1,600원짜리 주식이 130만 원 가까이, 20년 만에 800배로 오른 셈이다.

투자의 귀재라고 불리는 버핏은 연례 주주총회에서 "몇 년 전 버크셔 해서웨이의 보험 자회사인 가이코가 광고 클릭당 10~11달러 수수료를 구글에 내던 때 구글을 사지 않은 것은 실수였다. 구글이나 아마존에 투자하지 않은 것을 후회한다"고 말했다.*

---

* "IBM 대신 구글·아마존 주식 샀어야"… 버핏의 후회 https://goo.gl/prz8fv

망한 기업들도 극적이긴 마찬가지다. 한국의 새롬기술은 기기 없이 팩스를 보내고 전화기 없이 인터넷으로 통화할 수 있는 기술을 내놨다. 1999년 8월 13일, 2만 3,000원의 공모가로 코스닥 시장에 상장된 새롬은 10월 4일부터 52 거래일 동안 정확히 50배(4,900%) 상승했고, 6개월 만에 130배로 폭등했다가 2001년 12월 법정관리에 들어가면서 2년 반 만에 증시에서 사라졌다.*

과거의 기술이 오늘의 성공을 보장하지 않는다. 아울러 오늘의 성공이 내일의 생존을 보장하진 않는다. 어느 업계를 막론하고 영원한 승자란 없다. IT 역사에서 이 말은 좀 더 빠르고 명확하게 다가온다.

어찌 보면 IT 업계는 인간 역사와 가장 비슷하다. 짧은 역사임에도 빠르게 변화했을뿐더러 생태계에 큰 영향을 끼쳤다. '오래, 길게, 천천히'라는 수식어는 인간 역사와 거리가 멀다.

유구한 인간 역사를 자랑하고 싶다면 제일 오래 버틴 다른 종의 기록부터 깨야 한다. 미생물을 이기긴 요원하고 좀 덜 영민해 보이는 공룡을 두고 봐도 어렵긴 매한가지다. '쥬라기 공원'의 주인공인 고대 파충류들은 1억 6천만 년 동안 지구에서 버텼다.

호모 사피엔스는 20만 년 전부터 출발해 현재 진행형이다.** 지금까지

---

* 세상에서 가장 사랑받는 주식 vs 버림받은 주식 http://news.mt.co.kr/mtview.php?no=2015041016261396409

** 이준호 《한 권으로 끝내는 세상의 모든 과학》

버텨온 만큼에서 800배를 버티면 공룡만큼의 지구 생존 인증서를 발급받는다. 그런데도 우리는 당장 10년 후에 어떤 일이 일어날지 감조차 잡지 못하고 있다. 인간이 만들어내는 흥망성쇠는 지구상의 그 어떤 생명체보다 다이내믹하다.

인류 역사를 길게 늘여도 지구 관점에서는 찰나의 순간이지만 사람 처지에서는 다르다. 경영을 고민해 온 30년, 앞으로 다가올 30년은 100년 정도의 수명을 가진 인간에게는 인생의 1/3 정도다. 30년이 아니어도 좋다. 20년만 내다볼 수 있다면? 아니 10년만, 아니 3년 만이라도. 어떤 리더는 3년이 아니라 300일이면 세상을 바꿀 준비를 할 수 있다고 한다.

번뜩이는 영감, 지치지 않는 실행력은 한 지점부터 출발한다. 누군가가 만든 세상에서 출발해 인류의 역사는 바뀌기 시작한다.

# 대한민국은 현재…

대한민국은 리드형 개발도상국에서 팔로우 개발도상국으로 추락하고 있다. 일본의 잃어버린 10년을 이야기하며 비웃는 사람들이 있지만, 일본은 한국과는 근본적으로 다른 경쟁력이 있다.

2차 세계 대전 당시 일본은 한국을 포함해 동아시아를 짓밟고 야욕을 꿈꿨지만, 패망국가로 처참히 전락했다. 무너진 일본을 일으켜 세운 건 한국 전쟁이었다. 공산주의를 막아야 하는 미국의 이해관계와 전쟁 특수를 틈타 일본은 화려하게 부활했다.

역사의 아픔을 아직도 떨쳐내지 못한 한국은 무조건 일본을 우습게 보는 경향이 있다. 일본은 지금도 동아시아에서 경제, 기술, 군사, 문화적으로 가장 높은 영향력을 발휘한다. 침체기라는 10년 동안 일본은 강력한 강소기업들을 키워냈으며, 1억이 넘는 자국 인구의 자급 매출, 자족 소비로 불황을 버텨냈다.

중국은 어떨까? 한국은 중국을 불량품, 짝퉁 제조국가 정도로 여기는 말을 서슴없이 내뱉지만, G2 시대는 전 세계가 의심의 여지 없이 받아들이고, 여기서 두 나라는 중국과 미국이다. 국제사회에서 협력해야 할 분야가 많은 만큼 무조건 위축될 필요는 없지만, 아무 근거 없이 '무조건 우리가 좋고, 너희는 후졌어'라는 자세는 용기가 아니고 만용이다.

일례로 중국을 방문한 문재인 대통령은 2017년 12월에 베이징의 동네 식당을 찾아 꽈배기 종류인 유탸오와 콩물 음료인 더우장을 먹었다.

외국 나가서 외국 음식 먹은 게 중요한 게 아니라 이 음식을 먹고 밥값 1인당 28위안(약 4,600원)을 스마트폰으로 결제했다는 사실에 주목해야 한다.* 동네 식당에서 밥 먹고 현금도 카드도 아닌 모바일 결제라니?

중국 조사업체인 아이리서치에 따르면 중국 모바일 결제 규모는 조사 당시 60조 위안으로 한화로는 1경 원(1조의 만 배)이며 미국의 50배 규모다. 거지도 알리페이나 위챗페이로 적선을 받고 노점상도 모바일 결제를 요구하더라는 현지 경험담도 나왔다.

위조지폐가 많고 신용카드 보급률이 낮아 '무현금 사회, 투명한 재정

---

* 《서울신문》 '이니' 밥값 4600원 中 식당서 모바일 결제…IT 업계 술렁 http://www.seoul.co.kr/news/newsView.php?id = 20171215500104

흐름'을 구축하고자 하는 중국 정부의 의지가 반영돼 네거티브 규제(안 되는 것 일부만 명시하고 나머지는 다 허용하는 방식으로, 되는 것 몇 개만 말해주고 나머지는 안 된다며 규제하는 포지티브 규제 방식보다 훨씬 적극적인 지원 방식)가 옆 나라 중국에서 진행되고 있는 게 2017년의 현실이다.

한국은 체면을 구겼다. 경제의 한 축인 기업은 잃어버린 10년이라는 표현이 아까울 정도다. 필자가 생산성과 관련한 책을 쓰기 시작한 이래 한국의 노동생산성은 단 한 번도 위로 치고 올라간 적이 없다.

2017년 기준으로 노동생산성은 35개 경제협력개발기구OECD 국가 중 28위다. 1인당 노동생산성은 시간당 31.8달러로 노르웨이(78.7달러)나 덴마크(63.4달러)에 비하면 여전히 절반 수준이다.

노동생산성이 낮은 가장 큰 이유는 대기업과 중소기업의 생산성 격차다. 중소기업엔 우수한 인력이 모이지 않고 설비 투자도 부족하다. 여기에 올바르지 못한 생태계와 경제·정치적 이슈까지 더해진 10년이었다. 실력보다는 연줄을, 능력보다는 포장을, 정책보다는 일부 권력자들의 탐욕이 더해지며 한국의 비즈니스와 조직구조는 점점 더 취약해져 갔다. 이래서 무슨 글로벌 경쟁력을 갖추겠나?

노동력으로는 켜켜이 쌓인 자본력을 이기지 못하고, 사회의 최약층을 떠받치고 있는 세대들은 스스로 흙수저로 부르며 헬조선을 원망한다. 조금만 우수한 스펙을 쌓아도 인력들은 해외로 떠난다.

젊은 층뿐 아니라 중년 세대들도 자녀의 앞날을 고려해 직업 이민을 진지하게 알아본다. 여기에 인구 절벽이라는 표현에 걸맞게 다음 세대의 인구분포도도 점점 줄어드는 추세다.* 기껏 어렵게 뽑은 신세대는 말도 통하지 않는다고 기성세대 불만이 대단하다. 대한민국은 삼면이 불바다에 갇힌 배다. 우리는 어디로 탈출할 수 있을까?

..................................
* 조영태 《정해진 미래》

# 기회를 잡는 사람들의 공통점

과거로부터 배우지 못한다면 역사는 아무 소용이 없다. 과거에 놓쳤던 비즈니스 기회를 다시 떠올려 보자. 30년이 너무 길면 20년만. 컴퓨터가 발명될 줄 알았다면? 인터넷이 나올 줄 알았다면?

10년만 되돌려보자. 스마트폰을 쓰리라고 예상했다면? '난 왜 그 생각을 못 했을까?'

컴퓨터가 발명돼 많이 쓰이리라 판단했다면 컴퓨터를 구동하기 위한 시스템이 엄청나게 많이 필요할 거다. 시스템 위에 생산성을 높이기 위한 프로그램도 필요하겠지? 생산성을 도와주는 프로그램은 뭐가 있을까? 윈도와 오피스 프로그램은 이렇게 태어났다.

인터넷이 나올 줄 알았더라면? 일례로 90년대 우리나라에서 월드와이드웹 콘퍼런스 강연 때 외국에서 온 강사가 웹 개념을 소개하면서 '앞으로는 보이지 않는 가상 세계에 은행도 들어가고 상점도 들어가고, 정부도 들어가고…'라며 이야기를 꺼냈다.

사람들 반응은 어땠을까? 참석자들은 내로라하는 국내의 연구진들이었지만, 그 자리에 있던 사람들 99%는 "시간 아까워 죽겠구먼. 별 미친놈을 다 봤네. 누가 저따위 헛소리하는 인간을 데리고 왔어?"라며 자리를 떴다.

이야기는 여기서 끝나지 않는다. 딱 한 명만 끝까지 남아서 '진짜 세상이 저렇게 바뀐다면 뭘 준비해야 할까?'라는 마음에 떠나는 연사를 잡아 저녁까지 대접하면서 이런저런 조언을 들었다. 이후 그는 국내 처음으로 상용 웹메일을 개발해 골드만삭스에 600억에 파는 기염을 토했다.[*]

일 년에 편지 열 통도 쓰지 않는데, 누가 불편하게 인터넷으로 메일을 쓰겠냐며 세간의 비웃음을 사던 시기였지만 막상 서비스가 시작되자마자 모두가 신기해하며 계정을 만들고 서로 소식을 전하기 시작했다. 간편함, 신속함, 정확함을 무기로 이메일 비즈니스는 폭발적으로 늘었다.

어처구니없는 주장도 있었다. 메일로 수많은 자료(문서, 사진, 영상)가 왔다 갔다 하자 청소년들이 무방비로 음란 영상이나 사기성 글에 노출된다며 메일 시스템을 없애야 한다는 주장이 등장한 것. 음란물이나 사

---

[*] 투자분석가 박경철 씨의 아주대 강연 중

기 글을 필터링하는 기술을 발전시키면 될 것을 잎 몇 개가 썩었다고 건강한 뿌리를 통째로 들어내자는 이 발언은 지금 돌이켜 보면 얼마나 침소봉대한 주장인가.

지금 시점에서 약간의 통찰력으로 주위를 돌아보자. 지금은 이상하다고 생각하는 것(사상, 경제, 기술, 정치) 중 일부는 당연히 미래에 올 현실이다. 이상하니까 내치느냐 실제 삶에 들어오면 무엇이 어떻게 바뀔까를 상상해볼 것이냐에 따라 비즈니스는 달라질 수밖에 없다.

기회를 잡으려면 상상력이 필요하다. 상상력을 가지려면 두 가지를 공부해야 한다. 먼저 앉아서 기본을 다지는 공부다. 과거에 무엇이 효과를 발휘했는지, 상대적으로 지속 가능한 성과는 어떻게 나왔는지, 세상이 앞으로 어떻게 바뀔지, 새로운 게 무엇이 있는지 공부해야 한다. 통찰력을 주는 책을 포함해 다양한 자료를 읽어야 한다. 취향이나 눈높이가 맞는 커뮤니티도 찾아보길 권한다.

둘째, 기본이 갖춰지면 주변을 둘러보는 공부를 해야 한다. 나의 이런 예측이 실제 현실에서 구현이 되려면 무엇이 필요할까, 내가 지닌 역량과 관계는 어떻게 될까, 사람들과 어떻게 비즈니스를 만들어 나갈 수 있을까….

두 번째 공부는 사람 공부고 현장 공부다. 준비하면 기회는 더는 남의 것으로만 돌아가지 않는다. 다가올 세상을 미리 준비하고 기다리자. 딱 반보만 앞서보자.

# 2

# 블록체인에 주목하라

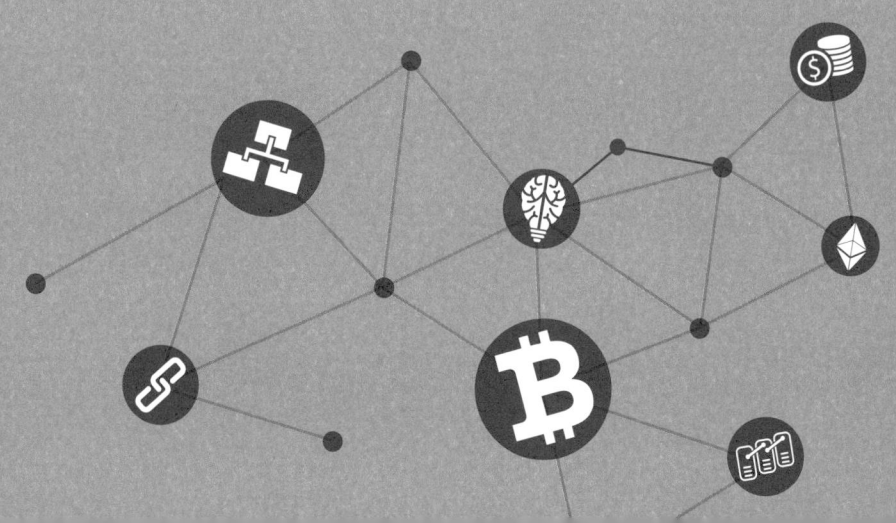

# 블록체인이란

블록체인을 이해하는 두 가지 접근 경로를 살펴보자. 하나는 기술 측면이고, 또 하나는 비즈니스 측면이다. 기술로 정의하자면 블록체인이란 '거래 기록을 삭제의 우려 없이 블록에 영구적으로 보존하고 차례로 연결, 업데이트해 보관한다'라는 뜻이다. 거래는 블록으로 구성된 저장장소에 쌓는다. 그리고 거래된 블록들을 체인으로 연결해 같이 업데이트(싱크)한다.

비즈니스 관점으로 풀어보자면 중개자(브로커 혹은 미들맨으로 부른다)나 보증기관 없이 개인과 단체의 가치, 자산을 신뢰성 있게 이동하고 거래할 수 있는 직거래 비즈니스다(비즈니스를 해 본 사람은 이 말에 얼마나 무한한 잠재력이 숨어 있는지를 알게 될 것이다). UN 미래 보고서에 미래를 바

블록체인 개념도

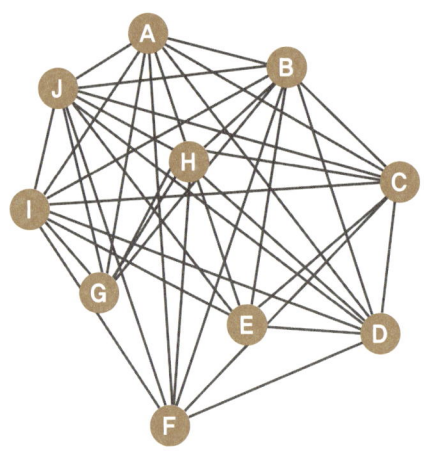

꿈 신기술 10선으로 블록체인이 포함된 건 괜한 이유가 아니다.

위 그림으로 간단히 설명해 보자.* 네트워크로 서로 연결된 10대의 컴퓨터가 있다. 정상적인 블록체인 거래는 다음 단계를 거친다. A가 B에게 다음날 납품 대금을 지급하기로 했다. A는 다음날 B를 만나서 물건 산 비용을 준다. A가 B에게 물건값을 낸 행위를 네트워크로 연결된 나머지 C부터 J까지 모두 알게 되면서 각자 기록 장부에 적어 놓는다.

가장 간단한 예를 들었지만, 어떤 계약이든, 교환이든, 거래든, 또 약속

---

* What is Blockchain Technology? A Step-by-Step Guide For Beginners  https://goo.gl/6vEAnS

이든 상관없다.

반대로 보통 관계에서 일어나는 비정상 거래를 살펴보자. A가 B에게 물건값을 내기로 했는데 안 낸다거나, B에게 물건값을 냈지만 다른 이해관계자들에게 알리고 싶지 않다거나, 혹은 B에게 물건값을 내야 하는데 C에게 내고 B에게 낸 척하는 경우다.

신뢰 관계를 저버린 행위지만 현실 비즈니스에서 자주 일어나는 일 중 하나다. 이걸 원천적으로 어렵게 만드는 게 바로 블록체인 기술이다.

거래 기록을 삭제하지 못하게 하고, 영구적으로 보존하고 차례대로 쌓고, 그 내용을 함께 업데이트하지 않으면 거래로 인정되지 않는다.

블록체인 기술로 조금 더 깊이 들어가 보자. 블록체인에서 신뢰는 암호화로 증명되고, 신뢰할 수 있는 컴퓨터들의 집합체로 유지된다. 즉, 블록체인으로 연결된 컴퓨터들이 백 엔드 인프라로 최고의 기능을 스스로 수행한다. 백 엔드 back-end라는 건 프런트 엔드 Front-end의 반대개념이다.

개발자 관점으로 예를 들면, 프런트 엔드 개발은 주로 사용자들이 보게 되는 서비스를 개발하는 일이다. 홈페이지 소스를 짠다거나 간단한 이미지 작업 등도 여기에 포함된다.

백 엔드 개발은 사용자가 볼 수 없는 비즈니스 로직 개발을 말한다. 프런트 엔드에서 사용자의 데이터나 비즈니스 프로세스가 오면 이걸로 프로그래밍하는 걸 뜻한다.

소셜 커머스에서 물건을 산다. 소셜 커머스에 물건을 올려야 한다. 홈

페이지 디자인을 구축해야 하고 물건 이미지를 올려야 한다. 이런 건 프런트 엔드의 기술이다.

소비자들이 얼마나 물건을 클릭하는지, 또는 클릭한 후에 주문은 어떤 결제시스템과 연동해서 진행해야 하는지, 소비자들의 DB는 경영 판단을 위해 어떻게 모이고 어떻게 연결돼야 하는지, 서버는 각종 외부 공격(해킹, 바이러스)과 트래픽(얼마나 신호가 왔다 갔다 하는지) 용량, 백업 기술을 구현해야 하는지 등(자료도 한군데만 모아 놓으면 모은 자료가 날아갔을 때 취약해진다. 노트북 자료나 사진 자료를 백업해 놓지 않고 날려본 분들이라면 무슨 뜻인지 대략 짐작했으리라). 이런 기술은 백 엔드 기술이다.

뭔가 말만 들으면 꽤 좋은 기술인데 얼마나 발전한 건지는 다른 그림으로 이해해 보자. 제일 쉽게 이해할 수 있는 게 신뢰를 기반으로 한 금융권 시스템이다(아래 그림).

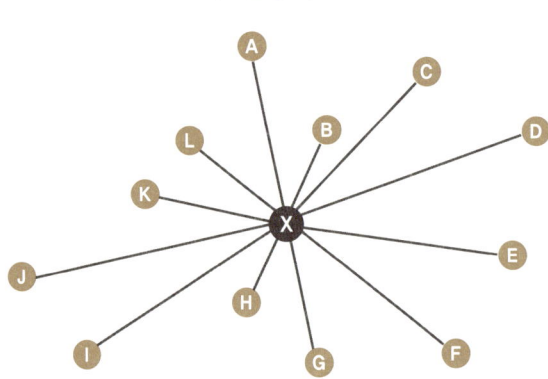

기존 금융 시스템

여기 X라는 은행이 있다. X는 A부터 L 고객까지 금융업무를 처리한다. 여기서 은행은 어디라고? X, 한 군데다. 이제 A가 B에게 돈을 보낸다고 쳐보자. A는 X 은행을 통해서 B에게 돈을 보낸다.

A가 B에게 돈 보낸 걸 아는 곳은 오직 X뿐이다. X는 수많은 사람의 거래를 처리할수록 비대해질 수밖에 없다. 큰 힘에는 큰 책임이 따른다는데 네트워크에서 큰 힘에는 큰 도전이 따른다.

가령 X 은행은 거래 장부를 다른 고객들과 공유하지 않고 자기만 보관한다. 누가 누구랑 얼마나 거래했는지를 알 수 있는 건 X 은행뿐이다. 당연히 해커들의 제1 공격 대상이 된다. 은행 해킹만 성공하면 수많은 거래 내역과 장부를 얻을 수 있다. 우리가 아는 수많은 은행권 해킹, 각종 전산망 오류, 서버다운 사태가 이런 경우다.*

---

* 농협 전산 사고 https://goo.gl/B9ve1f
문화방송, YTN 등 방송사, 은행 카드 회사 전산망 마비 사건 https://goo.gl/EhCm6U

# 암호화폐로 본
# 블록체인의 특징

스마트폰을 떠올려 보자. 10년 동안 수백 종의 스마트폰이 개발돼 사용됐다 쳐도 한국에서 쓰려면 보통 SKT, KT, LGU+ 세 개의 이동기지국을 사용한다. 미국은 Verizon, AT&T, Sprint Nextel, 중국은 중국전산, 중국연통, 홍콩은 PCCW 모바일, 일본은 NTT도코모, 소프트뱅크 등을 이용한다.

 이동기지국은 현재 LTE라는 같은 무선통신 기술을 활용하고 있다(곧 LTE보다 280배 빠른 5G로 넘어갈 예정이다*). 거꾸로 거칠게 정리하면 하나의 주파수 기술을 열 몇 개의 이동통신사 서비스를 활용해 수백 종의

---

\* 블로터 닷넷 '5세대 이동통신' http://www.bloter.net/archives/270275

휴대폰이 사용되는 셈이다.

   블록체인을 원천 주파수 기술이라고 치자. 금융 분야는 수많은 이동기지국 서비스 중 하나이며, 암호화폐는 이동기지국에서 쓰고 있는 핸드폰 하나라고 보면 된다. 블록체인이 응용범위가 그만큼 넓다는 말이다. 다만 블록체인의 기술을 이해하는 데 암호화폐가 지대한 공헌을 한 현시점에서 암호화폐의 1세대 맏형격인 비트코인의 특징을 이해하면 블록체인 기술을 좀 더 쉽게 이해할 수 있다.

   비트코인의 개발자인 나카모토 사토시의 논문을 통해 정리해 보자[*] (이 특징은 후반부에 다룰 조직경영학의 관점에서도 매우 중요한 특징들이니 가능한 숙지하고 넘어가자).[**]

**1. 초록:** 순수한 개인 대 개인 간(P2P) 전자 화폐 버전은 금융기관을 거치지 않고 한쪽에서 다른 쪽으로 직접 전달하는 온라인 결제를 가능케 한다.

: P2P라는 건 Peer to Peer의 약자다. 중간에 은행 같은 중개기관이 없어도 결제나 송금 등의 금융업무가 가능하다는 뜻이다.

**2. 서론:** 인터넷 기반 상거래는 전자 결제를 처리할 신뢰받는 제삼자 역할을 거의

---

[*] 비트코인 논문 한국어 번역판 https://encodent.com/bitcoin
[**] https://bitcoin.org/bitcoin.pdf

전적으로 금융기관에 의존해 왔다. 이 시스템은 대다수 거래에 충분히 잘 동작하지만, 여전히 태생적 약점을 극복하지 못한다.

필요한 것은 신뢰 대신 암호학적 증명(cryptographic proof)에 기반을 두어, 거래 의사가 있는 두 당사자가 신뢰받는 제삼자를 필요로 하지 않고 서로 직접 거래하게 해주는 전자 화폐 시스템이다.

: 이중 지급은 복사가 쉬운 디지털 환경에서 사람들이 제일 크게 걱정하는 부분이다. 전자 화폐라면 이런 상상을 먼저 하기 쉽다. '디지털 화폐니까 파일이잖아? MP3 같은? 내가 복사하면 똑같은 파일 2개가 생기는 거네? 남들에게 두 개를 복사해 줘도 나는 2개가 그대로 있는 거고? 돈으로 치면 저쪽에 2만 원을 보내줘도 이쪽에 2만 원이 그대로 남아 있을 수 있잖아?' 맞다. 저쪽에 2만 원을 보냈다면 이쪽에 2만 원이 줄어들게 해야 이중 지급이 방지된다. 이전에는 금융기관이 개입해서 금융거래 장부를 처리해 왔는데 이게 필요 없다고 선언한다. 중개소가 없어도 된다는 뜻이다. 어떻게?

### 3. 거래: 네트워크는 타임스태핑 기능을 통해 거래를 기록한다.

: 각 거래는 작업증명(PoW, Proof of Work의 약자로 작업을 활용한 증명)이 연쇄적인 체인 형상으로 기록된다. 이 기록은 작업증명을 새로 수행하지 않는 한 변경을 가할 수 없다.

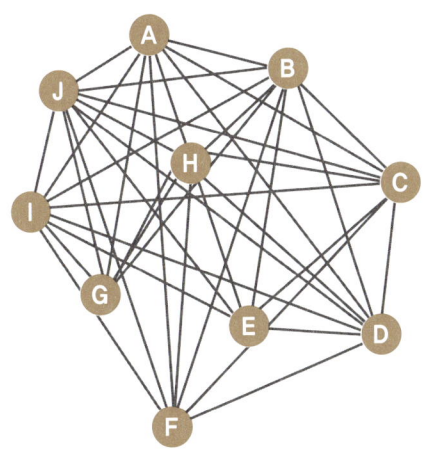

　그림을 다시 보자. 수많은 거래가 이뤄지는 데 중앙통제장치나 금융기관이 없다. 누가 기록할까? 모두가 기록한다. 네트워크에 들어온 A부터 J까지가 각각의 거래 내용을 '순차적'으로 '함께' 기록한다. 중앙통제장치나 금융기관이 없다고 했지만 참여한 모두가 통제장치 역할을 하고, 모두가 금융기관인 셈이다.

　4. 작업증명: 작업증명은 기본적으로 CPU당 1표다. 다수 의사는 최다 작업증명 동작이 투입된 가장 긴 체인으로 대표된다. 만일 다수 CPU 파워가 정직한 노드에 의해 통제된다면 가장 정직한 사슬이 가장 빠르게 늘어나 다른 경쟁 사슬을 압도한다.
　: 체인의 사전적 정의는 여러 개의 고리를 이어서 만든 줄이다. 자전거 체인을 떠올려 보자. 각자의 쇠고리가 서로 이어져 긴 철 줄을 만든다. 끊어지면 역할을 못 한다. 각자의 컴퓨터가 서로 이어져 긴(사실은 서

로 얽혀있는) 네트워크망을 만든다고 상상하면 된다(노드란 통신망 가운데 시간을 잇는 기간회선과 단말에 연결되는 접속 부분을 말한다. 보통 인터넷에 물린 컴퓨터라고 생각하면 된다*).

어떻게 이 작업증명이 올바르다는 걸 알 수 있을까? 참여한 사람들(네트워커)의 다수결 논리를 따른다. 많은 사람이 그 거래가 바뀌었다고 인정하지 않는 한 한두 명이 주장하는 거래 내용은 인정하지 않는다는 뜻이다.

만약 해커들이 이 거래 기록을 위변조하려면 몇 대를 공격해야 할까? 사슬구조로 서로 시스템에서 올바른 거래인지를 확인받으려면 최소한 51%의 컴퓨터를 동시에 바꿔 놓아야 한다. 외부에서 A~J까지의 컴퓨터로 묶인 네트워크를 공격한다고 가정한다면 A부터 F까지의 컴퓨터를 장악해야 한다. 그런데 네트워크에 참여하고 있는 컴퓨터가 백만 대, 천만 대라면?

**5. 네트워크는 최소한의 구조를 갖춰야 하며 각 노드에서 발생하는 메시지는 네트워크 안에서 최대한 공유된다.**

: 변동사항, 거래 내용이 발생할 때 함께 연결된(네트워크라고 부를 수 있을 만한) 구조 안에서는 다 업데이트된 변경 사항을 알아야 한다는 뜻이다.

---

* 컴퓨터: 노드의 뜻 https://goo.gl/Acpt67

분산원장이라는 개념을 이해하고 가자. 은행, 사업체 등에서 거래 내역을 적은 장부를 원장이라고 한다. 분산원장이라는 건 이 거래 장부를 분산했다는 뜻이다. 장부가 있는 사람들끼리 한 거래를 각자의 장부에 모두 기록한다는 뜻이다. 쉬운 예로 틴톰 블로거가 작성한 다음 그림을 보자.*

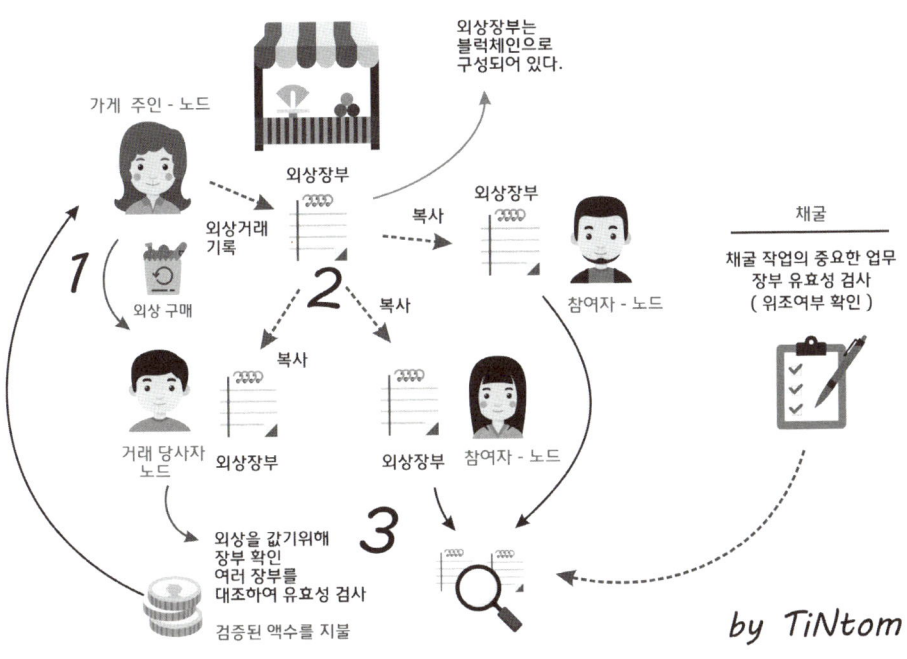

---
* tintom https://goo.gl/USxbkS

가게 주인이 외상으로 누군가에게 물건을 주었을 때 외상거래 장부에 기록해 놓는데, 이 내용이 동네에 있는 참여자 노트에 모두 함께 동시에 기록된다.

누군가 가게 주인집에 들어가 외상거래 장부를 훔친다거나 바꾸는 게 더는 소용 없다. 외상으로 빌려 간 사람이 다시 돈을 갚을 때 돈을 갚았다는 게 가게 주인의 장부에 기록되고, 이 기록 역시 다른 동네 사람들의 장부에 같이 기록된다.

**6. 노드들은 네트워크에서 자유롭게 참여하고 떠나기를 반복할 수 있으며 부재 중 발생한 사건 증거로 최장 길이를 유지하는 작업증명 체인을 채택한다.**

: 중앙집권 관리가 아니므로 누구의 명령으로 모든 노드가 매번 붙어 있을 필요는 없다. 은행의 중앙 전산 서버라면 매일 켜져 있어야 하고 쉼 없이 돌아가야 하지만, 여기에서는 자발적으로 참여한 노드들의 운영으로 시스템이 관리된다. 당연히 책임도 분산책임이고 권력도 분산권력인 셈이다.

블록체인은 기본적으로 해킹과 위변조 방지를 위해 암호화를 기반으로 한 기술이다. 집 주소에 비유하기도 하는데, 누구나 우리 집에 편지를 보내려면 주소를 알 수 있지만(가르쳐 주면 된다) 우리 집 내부에 주방이 어디 있는지, 부부의 침실이 어디 있는지는 알 수 없다.

내부 구조는 집주인이 허락해서 함께 들어온 사람만 본다. 또 들어와

본다 하더라도 집주인이 보여주기 싫은 공간, 예를 들어 금고라든지 비밀 자료 등이 있어 숨겨 놓는다면 집안에 들어오더라도 어디 있는지 알 수 없다.

이메일 주소도 마찬가지다. 누군가 A라는 사람에게 연락하고 싶다면 이메일 주소를 물어봐서 얻으면 된다. 하지만 A의 이메일 주소를 알아도 A에게 이메일을 보낼 수 있을 뿐이지 A의 이메일 보관함에 들어가서 A가 주고받은 이메일을 볼 수 있는 건 아니다. A가 아닌데 A의 이메일을 보려면 원칙적으로 A의 이메일로 접근하는 아이디와 비번을 알아야 하는데 블록체인 기술은 IoT, 빅데이터와 함께 이보다도 훨씬 더 고도화된 기술을 사용한다고 보면 된다.

더 큰 이슈가 있다. 네트워크에 참여한 일원은 전체의 일부분이 되면서 전체에 받아야 할 공격을 분산하는 역할을 한다. 이는 해커(공격하는 주체)가 어디를 주 표적으로 해야 할지 혼란스럽게 만들고 높은 시간적, 에너지 비용을 들이게 함을 말한다.

성을 공격해야 하는 유명한 게임 리니지. 공성전을 하면 목표물이 성 하나로 명확해진다. 반면 여기서도 저기서도 튀어나오는 게릴라를 상대하려면 공격하는 쪽 전술은 통일성을 갖출 수가 없고 전력이 분산되기 마련이다. 미국이 베트콩에게 패한 건 수적 화력의 열세가 아니었다. 호찌민의 분산 전술 때문이다.

이 책은 블록체인의 기술을 전문적으로 다루거나 애플리케이션을 개발하는 책은 아니지만, 개념을 올바르게 이해할수록 조직 구성원, 프로젝트 리더, 혹은 경영자가 올바르게 접목할 수 있으리란 판단으로 기술적인 예 이외에도 다른 예들을 덧붙여 조금 더 상세히 풀어보았다.

TCP/IP가 무슨 뜻인지 몰라도 'WWW'에서 검색하고 놀면서 이메일 보내는 데는 아무 문제 없었지만, 원리를 알면 더 잘 쓸 수 있는 것처럼 블록체인과 관련한 기본 개념을 이해하면 뒤쪽 매니지먼트와 접목한 부분들을 이해하거나 자신이 속한 산업에 응용하는 데 조금이나마 더 도움이 되리라.

## 블록체인의 매력

 블록체인이 매력적인 이유를 한 문장으로 요약하면 '진실을 드러나게 해'주기 때문이다. 사회가 성숙한 나라들은 하나같이 개인 간, 지역 간, 국가 간 신뢰가 높다는 특징이 있다.
 반대로 불신은 경제성장과 분배 모두에 악영향을 끼친다. 많은 학자가 신뢰가 경제성장에 미치는 여러 경로를 이론적으로 분석하고 나아가 사회의 신뢰수준이 국민소득과 양의 관계가 있음을 증명했다.[*]
 지금 대한민국에서 각종 갑질과 불신의 사태는 결국 홀드업(하청업체가 생산성을 높여 마진율을 높이면 원청기업이 기술을 가로챘다거나 단가를 마진

---

[*] Trust and Growth https://papers.ssrn.com/sol3/papers.cfm?abstract_id=2306883

율 높인 만큼 깎아버려서 하청업체가 스스로 연구개발 등의 투자를 하지 않아버리는 현상)의 문제로까지 번진다.* 우리가 서로를 믿는다면, 또 상대방이 나와 한 약속을 확실히 지킨다면 어떤 일들이 벌어질까?

**첫째, 불필요한 비용이 줄어든다.**

서로를 믿지 못해서 들어가는 각종 비용을 생각해 보자. 인터넷 사이트에서 중고 물품 거래가 시작될 때 옥션이 처음에 떴던 이유는 단 하나다. 사는 사람은 판매자의 물건이 약속한 대로 확실한지, 판매자는 구매자가 물건만 받고 잠적하는 건 아닌지 등의 상호 불신을 해소해준 덕이었다.

물건을 사려는 이에게 먼저 돈을 받아 보관한다. 물건을 파는 사람이 살 사람에게 물건을 보낸다. 처음에 팔려고 했던 상태의 물건인지를 구매자가 확인하고 승인을 누른다. 옥션은 보관하고 있던 물건값에서 보관, 이체 수수료를 떼고 판매자에게 송금한다.

이뿐일까? 집도, 자동차도 우리가 살 때는 판매자의 신뢰를 확인하고 물건의 신뢰도를 확인받고 싶어 한다. 전문가가 아니므로 신뢰를 유통하는 중간매개자Middleman가 여전히 인터넷상에서도 중요하다.

블록체인은 네트워크에 참여한 모든 이들이 참여를 바탕으로 신뢰를

---

* 인디애나 퍼듀대 경제학 교수 김재수 《누가 시장경제를 망가뜨리는가》 https://goo.gl/OyUQh0

인증한다. 평판은 지울 수 없다. 좋든 나쁘든 거래 내용은 쌓이고 공유된다. 미들맨이 사라지지는 않더라도 축소되는 만큼 거래비용을 더 줄일 수 있다.*

### 둘째, 보안이 강화된다.

블록체인은 가장 고도로 발달한 암호기술을 사용하고, 네트워크에 분산장부로 중앙 집중 공격을 원천적으로 없앤다. 거래 장부를 위변조하려면 참여한 네트워크의 절반 이상을 장악해야 하는데 일정 수준의 참여자가 확보되는 생태계가 만들어지면 위변조는 거의 불가능해진다.

외부 공격뿐만이 아니다. 내부에서도 일부 정보를 독점하고 싶어 하는 이들이 장부에 접근해서 거래 기록을 바꾼다든가 삭제할 방법 자체가 원천적으로 어려워진다. 참여자 모두 함께 쓰는 장부가 되기 때문이다.

### 셋째. 새로운 생태계와 문화를 창출한다.

필자가 집중하는 부분이다. 처음 본 사람, 처음 몸담은 조직, 처음 함께한 비즈니스에 기술을 바탕으로 한 신뢰가 담보돼 출발할 수 있다면 우리에겐 어떤 일이 생길까?

좀 더 신뢰할 수 있는 사람, 신뢰성 높은 조직과 함께한다면 성과를 만들어 낼 수 있지 않을까? 회사 홈페이지에 있는 미션, 사명, 그리고 매

---

* Blockchain Economy | William Mougayar  https://www.youtube.com/watch?v=onYKgO6ogJg

출이 허언이 아니고, 고객과 직원에게 한 약속이 입발림이 아니라면? 직원들이 이루겠다며고 만들어가는 성과가 허언이 아니고, 팀장과 팀원 간의 그럴듯한 거짓말이 필요 없다면? 안 나갈 만큼 주고, 안 쫓겨날 만큼만 일하는 직장 문화가 없어진다면 조직에는 어떤 일이 일어날까?

사회는 열심히 일하려는 사람, 성과를 내려고 노력하는 조직이 자연스럽게 살아나고 그런 조직이 모여 서비스한 상품에 믿음을 주는 구매자가 생기지 않을까?

반대로 직원에게 거짓 약속을 하고, 약속을 어겨도 책임지지 않은 대가로 지금보다 비즈니스가 훨씬 어려워진다면? 신뢰 부족으로 회복에 많은 시간을 들여야 하는 구조적 한계가 극복될 수 있지 않을까?

데이터 분석을 활용해 의료정책을 추진했던 미국 연방정부의 의료정책 실장이자 실무가인 파자드 모스타샤리가 입버릇처럼 하던 말이다.

"The Data never lies"

(가공되지 않은 데이터는 거짓말을 하지 않아)[*]

기술적으로 신뢰가 쌓일 수밖에 없는 조직이 현실이 된다면 우리는 무엇을 준비해야 할까? 블록체인 매니지먼트 파트에서 자세하게 다루도록 하겠다.

---

* 앞으로 데이터 분석을 시작하려는 사람들을 위한 책 《루비페이퍼》 구도 다쿠아 저.

# 신뢰 바탕의 비즈니스가 생긴다

한 초등학교의 풍경. 학기 초에 선생님이 아이들에게 제안한다.

"선생님 말을 잘 듣거나, 아이들끼리 잘 돕는다거나, 숙제를 잘하면 그때마다 선생님이 준비한 이 스티커를 하나씩 받게 될 거예요. 스티커가 30개가 모이면 초등학교 후문에 있는 둘리네 떡볶이집 알죠? 거기에 가지고 가면 떡볶이집 아주머니께서 떡볶이 한 접시를 여러분께 그냥 줄 거예요. 알겠죠?"

"네~!"

아이들은 선생님의 말씀을 믿고 학교생활 열심히 하고, 친구들을 잘 도와 스티커 30개를 모은다. 받은 스티커를 손에 흘릴까 잘 들고 가 떡볶이집에 내민다. 아주머니는 무슨 말인지 알았다는 듯 스티커를 받고 떡볶이 한 접시를 푸짐하게 내온다.

우리가 익숙한 이 풍경에 어떤 원-원 모델이 생겨난 걸까? 아이들은 떡볶이를 먹으려는 동기부여로 선한 행위를 선택한다. 친구들을 돕지 않고 숙제를 안 할 수도 있다. 괜찮다. 떡볶이를 포기하면 되니까. 선한 행위를 하면 친구들에게 인기가 올라간다. 숙제를 열심히 하면 성적도 올라간다. 떡볶이도 생긴다.

아이들의 동기 부여된 선행과 학업 몰입으로 선생님은 불필요한 곳에서 받을 스트레스를 줄이며 원활한 수업을 진행할 수 있다. 감소한 스트레스 일부분을 월급 일부분으로 교환한다. 월급 일부분으로 떡볶이 쿠폰(스티커)을 구매한다.

실질적인(조폐공사에서 발행하는) 돈이라고 하는 거래는 오직 떡볶이집 아줌마와 선생님 사이에서만 발생했을 뿐이다. 아이들은 선생님과 돈거래를 하지는 않았지만, 이 교실에서는 새로운 경제와 가치가 창출됐다. 신뢰를 바탕으로 스티커에 보이지 않은 약속을 담았기 때문이다.

아이들이 약속을 지켰는데도 선생님이 스티커를 발행하지 않는다면? "뭐? 내가 언제?" 혹은 약속대로 받은 스티커를 모아 떡볶이집에 갔는데도 떡볶이를 주지 않는다면? 이제부터는 스티커를 모을 의미가 없다. 스티커는 교환수단으로서의 의미를 상실했기 때문이다.

  이 이야기는 두 가지 의미가 있다. 첫째, 우리는 이미 익숙한 화폐 경제 이외에도 신뢰를 담보로 수많은 비즈니스나 계약관계를 만들어 봤거나 경험해 봤다는 것. 둘째, 신뢰를 담보로 창출하는 계약들이 항상 원활하게 작동하지만은 않는다는 사실이다.

  선생님과 떡볶이집 아줌마만 약속을 못 지키는 상황이 발생하는 건 아니다. 이자율이 가장 낮은 증권은 국가가 발행한 채권이다. 국가는 망할 가능성이 제일 낮으니까 신뢰도도 제일 높다. 가장 높은 신뢰도를 바탕으로 가장 낮은 이자를 지급해도 사람들은 이해했다. 그러나 국가라는 신용도가 항상 높기만 할까?

  2009년 그리스 파산은 가장 큰 중앙집권체제인 국가라 할지라도 신뢰성이 100% 보장되지 못한다는 사실을 상징하는 사건이었다.

  아프리카의 짐바브웨는 어떤가? 2015년 짐바브웨 중앙은행은 신뢰를 무너뜨린 화폐발행으로 스스로 초인플레이션을 만들었다. 2008년 물가 상승률은 5천억%였고 3경 5천조를 가져와야 미화로 1달러를 바꿔줬다.[*] 우리나라에서도 세뱃돈으로도 100조 달러 짐바브웨 화폐가 유행했을 정도니(400원에 구할 수 있었다)[**] 말 다 했다. 이런 나라에서 발행한

---

[*] 악명 높은 '초인플레 화폐' 사라진다 http://news.khan.co.kr/kh_news/khan_art_view.html?artid=201506122255485
[**] '이색 세뱃돈으로 인기 짐바브웨 달러', 매경 https://goo.gl/cy71NB

화폐가 사람들의 신뢰를 얻기란 애당초 불가능한 일이다. 다양한 역사가 뒷받침하고 있지만, 국가 담보 신뢰도는 항상 100%가 아니다.

신뢰는 거래비용도 줄여준다. 반대로 불신은 거래비용과 대기 시간을 엄청나게 증가시킨다. 미국의 입국 심사가 입길에 올랐다. 미국은 9.11테러 이후 무슬림이나 백인이 아닌 인종들을 잠재적 범죄인으로 대했다. 포지티브 규제인 셈이다.

미국은 다른 나라 입국자들에게 보안검색 강화를 더 요청했다. 20년 전 미국에 입국하려면 짐 찾는 시간까지 포함해 1~2시간 정도 걸렸다. 9.11 테러 이후 미국 입국은 3~4시간으로 늘어났다. 2017년 이후에는 4~5시간으로 더 늘어났다.*

실제 미국에서 테러를 마음먹고 실행하는 외국인은 1년에 한 명도 안 되는데 매년 7,480만 명의 관광객이 하루 중 반을 공항에서 보낸다. 서울 전체 인구가 미국 공항 로비에서만 이틀 가까운 시간을 매년 날리는 셈이다. '시간이 돈'이라는 명언은 신뢰를 바탕으로 한 자본주의 사회에서 제일 많이 통용되어야 할 경구가 아닐까.

이 책을 읽는 분들에게 강조한다. 신뢰를 구축하는 주체가 돼라. 신뢰 구축의 대가로 시간을 절약하는 수혜자가 돼라. 타인에게 신뢰를 준 대

---

* "미국 가려면 4~5시간 전 공항 도착해야, 보안검색강화" YTN https://www.youtube.com/watch?v=SJ9k5ETWU7k

가로 더 큰 비즈니스와 기회를 잡아라.

자신의 경영 철학에 블록체인을 도입하면 사람들 마음을 사로잡을 수 있다. 뒤에서 그 이야기를 더 자세히 다룰 예정이다. 국가나 사회라는 거대한 조직의 이름 없는 숫자에서 벗어나 시스템을 만들어 나가는 주인이 되는 시대가 온다.

스코틀랜드 철학자인 토머스 칼라일은 "역사는 위대한 자들의 전기일 뿐이다"라고 했다. 이후 2006년 타임은 그해의 인물로 "You(당신들)"를 선정했다. '미안, 토머스. 당신이 예언한 시대는 저물고 있어요. 우리는 일개 영웅보다 집단의 신뢰가 필요한 시대를 맞이하고 있으니까요.'

# 3

# 용암처럼 꿈틀대는 블록체인 비즈니스

이 장에서는 조직 내 블록체인 매니지먼트를 적용하기 위한 다양한 사례들을 다뤘다. 기존 비즈니스의 문제점과 함께 비슷하지만 비슷하지 않은 현행 모델도 다뤘으며 실제 블록체인과 관련해 효과를 보고 있는 비즈니스 모델을 중점적으로 소개한다.

이 항목을 블록체인 매니지먼트보다 앞에 다룬 이유는 하나다. 우리의 조직 내 블록체인 모델을 도입한 경영을 하려면 어떻게 접목할 수 있을까를 표면적으로나마 이해하기 위해서다.

# 기존 비즈니스의 문제

유머 한 토막. 아프리카의 한 독재자가 아시아의 한 독재자를 만나 국가 운영 노하우를 열심히 배우고 있었다. 아시아 독재자는 아프리카 독재자에게 창문 밖을 쳐다보라고 말했다.

"저기, 창밖에 보이는 8차선 고속도로가 보이십니까? 저 도로가 제가 국민의 안전과 행복을 위해 심혈을 기울여 만든 도로 아니겠습니까?"

"네? 이상하군요. 제 눈에는 4차선 고속도로밖에 안 보이는데요?"

"하하! 제 말이 그겁니다"

비자금 착복의 노하우를 깨닫고 무릎을 친 아프리카 독재자는 즉시 자기 나라로 날아갔다. 몇 년 후 이번에는 아시아 독재자가 아프리카 독재자의 초청을 받아 날아갔다. 아프리카 독재자가 아시아의 독재자에게 자랑을 늘어놓았다.

"저기, 창밖에 8차선 고속도로가 보이십니까? 저 도로야말로 국민의 안전과 행복을 위해 심혈을 기울여 만든 제 역작 아니겠습니까?"

"네? 무슨 소리 하십니까? 바깥에는 아무것도 없는 황량한 사막뿐인데요?"

"하하! 제 말이 그겁니다!"

기존 비즈니스의 문제점을 한마디로 압축하면 '신뢰'의 문제다. 전기, 수도, 교통, 정부, 은행을 예로 들어보자.

은행은 계좌로 즉시 이체하지 않고 수수료를 뗀다. 정보는 독점된다. 우리는 금융기관이 하는 걸 다 알 필요가 없다. 비싼 수수료, 불친절한 정보 공개, 해킹과 각종 피해가 고스란히 우리 몫이라는 것만 안다.

신용카드 회사는 신뢰가 없다고 판단하는 이들에게 고금리를 부과한다. 정작 금리가 낮아야 할 이들이지만 불안을 안을 수 없는 상업용 비즈니스의 판단으로 고금리가 부과되고 이들의 생계는 빈곤의 악순환에 빠진다.

정부는 더 심각하다. 국민이 낸 세금을 사용하지만 어디에 효율적으로 사용하는지 정작 국민은 일일이 파악할 수 없다. 어떤 권력자가 들어오느냐에 따라 세금은 깨진 장독대처럼 줄줄 샌다.

국방비만 예로 들어보자. 우리나라는 2017년 기준, 400조 원의 세금을 쓰며 이 중 10%인 40조 3,300억을 국방비로 사용한다.* 40조라는 숫자가 감이 안 잡히겠지만, 서울시만 한 메가시티를 1년간 운용하는 예산보다 25%나 많은 돈이다.

우리가 낸 돈으로 제대로 운용되고 있을까? 결과는 참담하다 못해 처참하다. 시중에서 1만 원이면 살 수 있는 저장장치(USB)를 95만 원에 납품받는 건 기본이고, 총알 뚫리는 방탄조끼, 물이 새는 전투화, 전투함에 장착되는 낚시용 탐지기, 금품수수 혐의로 구속되는 장성들….

방위사업청장조차 국정감사장에서 나와 대표적인 방산비리 사례가 무엇이냐고 질문받자 "하도 많아서…"라고 답변하는 진풍경이 펼쳐진다.** 네티즌들이 국방부를 조롱할 때마다 붙이는 별명이 '국뻥부'다. 상황이 이러니 국민의 신뢰를 받는 국방부가 될 수 있을까?

신뢰가 회복된다면 어떤 일이 생길까? 95만 원짜리 비리로 점철되었던 USB를 1만 원에 납품받는다면 나머지 94만 원으로 사이버 해킹을 하는 테러 단체에 맞서기 위해 좋은 PC를 한 대씩 살 수 있게 된다. 병영의 의무를 다하러 가는 사람들에게는 총알을 막는 방탄조끼가 지급돼 안심하고 경계선에서 근무할 수 있다. 낚시용 탐지기가 아닌 군사용 전문 탐지기로 위험을 조기에 발견할 수 있다. 신뢰는 높아지고, 비용은

---

* 2017년 국방예산 40조3,347억…전년 比 1,500여억 증가 http://news.joins.com/article/20963278
** JTBC 앵커브리핑 '부끄러운 줄 알아야지' https://goo.gl/tbfjgD

올바르게 쓰이며 안보는 튼튼해진다.

블록체인 기술은 이런 불투명한 관계를 해체(언번들링)하거나 약화한다. 권력의 재편이 이뤄진다. 블록체인은 신뢰를 판별하는 비용을 다수에게 분산하고 그 대가를 함께 나눠준다.

떡볶이집 이야기로 돌아가 보자. 착한 아이에게 스티커를 준다고 했다. 누가 선행한 아이인지 기존에는 선생님이 판단했다. 판단의 주체와 판단 비용(누가 선행했는지 계속 지켜봐야 하는 노력)이 선생님에게 몰린다. 당연히 선생님이 볼 때만 좋은 일 하고 뒤에서는 나쁜 짓을 하는 아이가 생긴다.

모두 함께 판단의 주체가 되면 선생님이 일일이 어떤 아이가 착하고 좋은 아이인지 확인할 필요가 없다. 아이들 스스로 누가 선행을 했는지 각자 기준으로 판단해 투표하면 그 비율만큼의 대가를 공정하게 받는다.

급훈이나 교실 규칙으로 정착되면 이제 좋은 선생님, 나쁜 선생님, 누가 와도 상관없어진다. 나하고 맞는 선생님이냐, 혹은 잘 못 보여 1년 동안 스티커를 못 받느냐를 신경 쓸 필요가 없다. 그저 우리에게 잘 해주면 될 뿐이고, 누가 못되게 구는지를 내가 보는 시선 안에서만 판단하면 될 뿐이다.

만약 이번 달에 A라는 학생이 선행을 많이 해 아이들에게 10개의 스티커를 받았는데 일진이 뺏는다면? 걱정할 필요 없다. 그 스티커에는 '아이들이 A 학생이 쓰라고 인정해 준' 마크가 있다. 오직 A만 떡볶이집에 가서 이 스티커를 쓸 수 있다. 이 이야기를 기술적으로 구현한 게 블록체인이다.

## 비슷하면서 비슷하지 않은 비즈니스

최근에 일어나는 신뢰 비즈니스는 블록체인과 비슷하면서도 비슷하지 않다.

숙박업소를 하나도 보유하지 않은 세계 최대 숙박업체인 에어비앤비. 택시를 하나도 보유하지 않았지만, 각국에서 운송 비즈니스를 벌이는 우버, 매일 저녁 사람들의 야식을 해결하게 도와주는 배달의 민족. 이들의 비즈니스 모델은 공유경제다.

어떻게 낯선 이에게 방을 빌려줄 수 있을까? 어떻게 낯선 이가 열어주는 차에 올라탈 수 있을까? 어떻게 맛있는 야식을 실패 없이 먹을 수 있을까? 결국은 신뢰의 문제다. 신뢰를 구축하려면 잘 설계된 평판 시스템과 적정량의 정보 공개가 필요하다.* 우버도, 배달의 민족도 마찬가지다.

잘 설계된 평판 시스템과 적정한 정보 공개 역시 블록체인의 핵심 키워드다. 그러나 위의 모델들은 블록체인과는 다르다. 서비스를 이용하는 소비자는 개인 대 개인의 서비스 같지만, 직거래 사이에 중개 수수료를 받고 중앙 서비스가 거래를 독점하는 비즈니스다.

어디 숙박업에 사람이 몰리는지 전체 정보를 아는 건 에어비앤비의 경영자뿐이다. 어디 지역의 우버 자동차가 언제 가장 활발하게 이동하는지 알 수 있는 건 우버의 경영자뿐이다. 어떤 야식 업체가 가장 매출이 좋고 어떤 날씨에 어떤 시간대에 어떤 메뉴가 뜨고 내려가는지 알 수 있는 건 배달의 민족 경영자뿐이다.

정보의 접근만으로는 충분치 않다. 신뢰성도 증명해야 한다. 통계가 중요해지면서 경영자는 숫자를 얼마든지 교묘하게 조작할 수 있다. '영국의 총리였던 벤저민 디즈레일은 "세상에는 세 가지 거짓말이 있다. 그럴듯한 거짓말, 새빨간 거짓말, 그리고 통계"라고 말했다.

미 해군이 전쟁 때 신병을 모집하기 위해 통계를 활용했다. 미 해군은 같은 기간 해군 전사자 수가 1,000명당 9명인데 비해 뉴욕 일반 시민 사망자는 1,000명당 16명이었다는 숫자를 제시했다. 대충 보면 "응? 뉴

---

* 조 게비아 "에어비앤비가 신뢰를 쌓는 디자인을 만드는 방법" TED
  https://www.ted.com/talks/joe_gebbia_how_airbnb_designs_for_trust?language=ko#t-267513

욕에서 살다가 교통사고나 심근경색 등 다양한 사고로 죽는 것보다는 차라리 해국 입대가 더 안전할 수 있겠네? 밥도 주지, 숙식도 제공해 주지, 안전하게 싸우라고 헬멧과 방탄복도 주지. 다치면 바로 병원에서 치료도 해주지. 말 되네?"라고 착각한다.

  매우 건강한 20대 장병들 1,000명을 모집단으로 하고 군대에서 죽는 비율을 9명으로 계산했다면 뉴욕에서는 매일 자연사해서 죽는 사람, 위험에 취약한 영유아, 노숙자 등 각종 다양한 계층이 모집단으로 들어가 있다. 둘을 동등하게 비교하려면 20대 해군 종사자와 20대 뉴욕 젊은이들을 대상으로 비교해야 한다. 숫자는 틀리지 않았지만 날것의 데이터를 자신에게 유리한 방향으로 재편하면서 발생할 수 있는 함정이다.[*]

  신뢰가 구축된 사회가 되려면 위변조에 책임을 져야 한다. 중앙집권형 정보는 들키지만 않는다면 책임을 질 필요가 없기에 위변조의 유혹에 쉽게 빠진다. 다시 한번 강조하지만, 데이터는 날것으로 그대로 공유될 때만 가치를 지닌다.

---

[*] 대럴 허프 《새빨간 통계의 거짓말》, 더불어책

# N × N만큼의 기회

'멧칼프의 법칙'이 있다.* 미국 전기공학자인 로버트 멧칼프가 고안했는데, 네트워크의 가치는 참여자 수의 제곱에 비례한다는 법칙이다.

팩스를 한 명이 개발해서 혼자 쓴다면 가치는 1이 된다. 하지만 10명이 쓴다면 가치는 10배가 아닌 100배가 된다. A는 B에게도 보낼 수 있지만, C, D, E에게도 보낼 수 있듯, E 역시도 A뿐 아니라 B, C, D에게도 보낼 수 있기 때문이다.

비용도 줄어든다. 어떤 네트워크 이용자가 100명인 상황에서 50명의 이용자가 추가될 때 네트워크 구축비용은 50% 증가하는 데 그치지만,

---

* 네이버 지식백과 https://goo.gl/GYkLyb

그 가치는 10,000(=100²)에서 22,500(=150²)으로 125% 증가하기 때문이다.

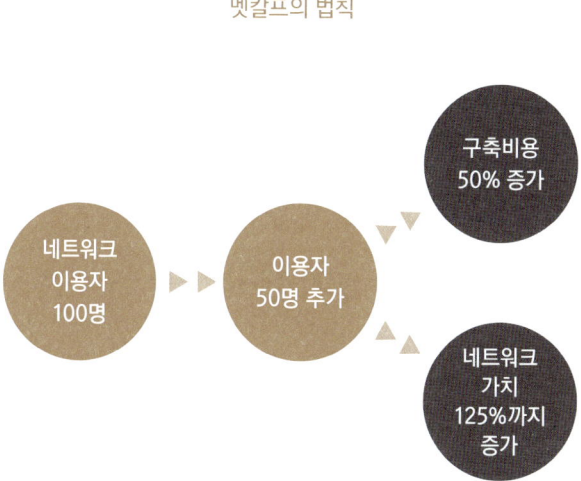

멧칼프의 법칙

이 법칙은 경제학적 개념으로 머물던 긍정적 네트워크 효과를 실제 수치로 보여줌으로써 다수 이용자가 서버, 프린터 등 고가의 컴퓨팅 자원을 함께 공유하고, 인터넷이라는 가상공간을 통해 연결되는 것이 얼마나 유용한지를 설득력 있게 보여준다.

팩스가 구시대적 발상이라면 카카오톡을 보자. 수많은 사람이 카톡으로 의사소통한다. 한 명만 카톡을 깔면 의미가 없지만 천만 명이 카톡을

설치하면 이야기가 달라진다. 하나의 생태계가 만들어지기 때문이다.

블록체인 기술은 네트워크를 기반으로 한 기술이다. 당연히 N × N 만큼의 기회와 가치가 발생한다.

한 경영연구소는 블록체인이 무역금융, 유동성 관리, 자금 모니터링 등에 활용될 가능성이 있다고 말했다.* 세계경제포럼에 참가한 전문가와 고위 경영진을 대상으로 진행한 조사 결과 응답자의 50% 이상이 2025년까지 전 세계 국내총생산<sup>GDP</sup>의 10% 이상이 블록체인 기반의 플랫폼에서 발생하리라고 전망한다. 처음에는 암호화폐로 조명을 받았지만, 지급·결제뿐 아니라 보험, 부동산, 크라우드 펀딩 등 무궁무진한 분야로 접목할 수 있는 게 블록체인이다.

---

* 포스코 경영연구소 〈블록체인의 등장과 기업 금융에 미치는 영향, 조주현 수석연구원, 2016.12.08〉

# 블록체인을 활용하기 시작한 글로벌 기업들

블록체인 기술을 실제 활용하려고 발 벗고 나선 기업들이 속속 등장하고 있다.

미국연방준비제도이사회는 블록체인으로 연결된 새로운 결제시스템을 개발하기 위해 IBM과 협력하고 있고, 골드만삭스는 연간 간행물 〈Future of Finance〉에 다양한 블록체인 보고서를 올리는 중이다.

씨티은행은 블록체인 기반의 분산 기술을 배포하는 개별 시스템을 구축하고 디지털 통화 거래 시스템을 더 잘 활용하기 위해 내부적으로 비트코인과 동등한 기술인 씨티코인Citicoin을 개발해서 자체 테스트 중이다.

금융권 밖에서도 발 빠르게 움직임이 포착되고 있다. 전 세계 자동차 제조 및 판매 1위 회사인 도요타는 기존 완성차 사업에 블록체인을 도입해 자율주행과 공유경제 등으로 사업 분야를 확장할 계획이다.

미국 매사추세츠공과대[MIT]는 산하 미디어렙과 제휴를 맺고 자율주행차 주행 데이터와 카셰어링 공유, 차량 사용정보 저장 등을 위한 블록체인 개발 연구를 시작했다.* 자율주행 기술과 블록체인이 연결되면 자율주행 자동차의 가장 큰 걱정거리인 해킹 위험이 차단되는 큰 효과를 볼 수 있다.

마이크로소프트[MS]나 IBM 등 글로벌 기업도 블록체인을 활용해 자사 비즈니스와 연계하거나 상용화를 준비 중이다.** MS는 블록체인 개발 선도업체와 파트너십을 맺고 일정 조건을 만족하면 거래가 자동으로 실행되는 '스마트 계약 기능'을 상용화하는 프로젝트를 진행 중이다.

스마트 계약은 다양한 거래, 계약 등에 적용할 수 있다. 거래가 실행되는 조건과 내용을 블록체인 기반의 계약에 등록하면 해당 법률과 절차가 자동 적용돼 거래 당사자에게 진행과 결과가 통보되는 시스템이다. 상대방이 좋든 싫든, 일정한 조건을 서로 충족시켰다면 효력이 발생할 수 있게 만든 계약이다.

---

\* 조선비즈 "가상화폐는 일부분…블록체인 주목해야" https://goo.gl/7SLT3E

\*\* Follow the Money in Blockchain; Companies Mentioned- Marathon Patent Group, IBM, Toyota, HIVE Blockchain Technologies Ltd 《https://goo.gl/jkQf5v》

2017년 6월, 삼성SDS는 관세청, 해양수산부, 현대상선, 한국IBM과 함께 '해운 물류 블록체인 컨소시엄'을 발족해서 블록체인을 수출입 물동량 관리에 적용하는 시범사업을 추진 중이며 최근 서울시가 블록체인 기술을 행정업무에 접목하기 위해 발주한 사업을 수주했다.[*]

　에너지 산업(태양광) 분야를 보자. 자가발전 시스템(태양광)을 집에 갖추고 집에서 만든 전기를 인근 주민에게 판매하고 싶다면? 기존에는 한전이라는 매개체가 필요했다. 전기를 얼마큼 생산, 이동하고, 정산하는 미들맨 역할이다.
　블록체인 기술을 활용하면 협약을 맺은 모든 이들이 생산자이자 소비자로서 생태계를 구축할 수 있게 된다. 투명하게 사용량만큼 요금을 지급하고 중앙 시스템(조정자: 한전)이 없어도 실시간으로 에너지 관리가 가능해진다.

　에너지 산업과 관련해 가장 뜨거운 기업은 테슬라다. 테슬라는 전기를 만들고(솔라루프) 전기를 보관하고(테슬라의 파워 월) 보관한 에너지를 집이나 자동차(테슬라 카)에 공급해 활용한다.[**]

---

[*] 매경 "블록체인 공들인 삼성SDS 매출 10조 원 넘본다" https://goo.gl/ncFXp7
[**] Tesla Solar Roof & Power Wall – A good combination
https://www.linkedin.com/pulse/tesla-solar-roof-power-wall-good-combination-olufemi-ogunkeye

테슬라 제품을 활용한 곳이라면 전기와 관련해서는 자급자족과 이동을 보장한다는 뜻이다. 블록체인으로 연결한다면 집 하나하나가 투명한 발전소가 되고 각자가 전기요금을 책정해 공급하는 서비스 업체로의 변신이 가능하다. 지금 테슬라의 제품 하면 차가 제로백을 몇 초에 달리냐가 이슈인데 본질은 그게 아니다.

헬스케어 분야는 어떨까? 메디블록, 써트온 등의 블록체인 스타트업은 의료 정보를 접목한 블록체인 기술을 선보인다.[*] 각종 진료, 검사 관련 정보를 모두 종이 문서로 발급받는 번거로움을 없앨뿐더러 기관별로 인증받거나 위변조될 걱정을 줄인다.

게다가 내 진료 기록을 블록체인에 보관하면 내가 인가해 준 사람만 세계 어디서든 열람하고 내 허락하에 업데이트할 수 있다.[**] 프라이버시는 막고 데이터 자체는 쌓아서 공유한다. 연구하는 기관은 적은 비용으로 비슷한 질환 치료 개발에 유용하게 사용한다. 전 세계가 정보를 같이 업데이트하고 치료제를 함께 개발할 수 있다. 반대로 어떤 약품이 쓰였는지도 동시에 알기 때문에 부작용을 조기에 발견하고 막는다.

의료 정보는 단순히 병원이나 제약회사에만 국한된 정보가 아니다.

---

[*] 전자뉴스 〈블록체인 의료기술에도 도입〉 http://www.etnews.com/20171206000232
[**] 메디게이트 뉴스 '블록체인과 의료의 만남 혁신과 우려 공존' https://goo.gl/qe2kUu

블록체인 도입으로 보험청구 절차가 간소화될 수 있기 때문이다. 각종 보험회사나 금융과도 연결되지만, 국가에서 장려하는 헬스케어, 국민의료 차원에서의 건강 비즈니스로 폭발할 수 있다.

차량 산업은 어떨까? 블록체인 기반의 스마트 계약과 IoT가 결합한다면 어떤 신뢰 비즈니스가 창출될 수 있을까? 블록체인 기반으로 계약서에 상호 동의하고 차량을 렌트한다고 가정해 보자.

임대하는 소비자가 차를 빌리고 매달 대금을 지급하지 않으면 지급이 완료되기 전까지 차에 시동이 걸리지 않게 계약하고 프로그래밍을 작성할 수 있다. 지급이 체납되면 차량은 그 즉시 시동이 걸리지 않는다. 굳이 돈을 내 달라고 독촉할 필요가 없다. 불량고객이 전화를 안 받거나 배 째라 하는 식의 거래가 줄어든다.

고객으로서도 마찬가지다. 30일 내 차량에 문제가 생겼을 때 환급해 달라는 스마트 계약이 들어가면 전화해서 문제가 생겼다고 말하거나 법정 다툼을 벌일 필요가 없다. 인증 받은 정비소에 가서 불량이라고 판정만 받으면 스마트 계약은 즉시 차량을 소지한 고객에게 전액 환급되게 조처한다. 불량 차인데 아닌 것처럼 고객에게 팔거나 렌트해 주는 얌체 업체들이 줄어들 수밖에 없다.

차량 렌트만 이럴까? 렌트 산업은 정수기, 안마의자, 심지어 회사 데스크의 안내 로봇까지도 무궁무진한 시장이다.*

지역 기반 공동체 마을 산업에서 차량 산업을 상상해보자. 각자가 가지고 있는 차를 블록체인으로 연결한다면? 우리 마을 전체가 쏘카(자동차 공유 서비스업체) 사업자이자 고객이 되는 셈이다. 매개자 없이도 투명하게 가격을 책정할 수 있고, 신뢰가 낮은 사람, 마을 내 사기꾼을 걸러낼 수 있다. 하나의 마을, 도시가 준(準) 자급자족의 공유 경제화가 될 기반을 갖추게 된다.

블록체인의 활용은 단지 비즈니스나 지역 기반 자생 사업에만 국한되지 않는다. 위변조가 일어나지 못하게 하고, 신뢰가 절대적으로 필요한 모든 플랫폼에 적용할 수 있다.

우크라이나는 블록체인 기술을 활용한 인프라 시스템 전반을 구축하는 기업과 손잡고 블록체인 기반 투표 플랫폼을 개발 중이다.**

블록체인과 관련해 현재 태동하거나 준비하고 있는 비즈니스를 정리해 보았다. 이외에도 무궁무진한 비즈니스가 나올 수 있다. 신용이 필요하고 거래가 있는 모든 비즈니스에 블록체인은 활용가치가 높은 플랫폼을 제공한다.

---

* 한국일보 '로봇 페퍼 오클랜드 공항 바에 취직 맥주와 버거 메뉴 안내' http://www.koreatimes.com/article/20170210/1039618
** 글로벌 블록체인 기업 '비트퓨리', 한국 상륙 https://goo.gl/ERheTK

20년 전으로 돌아가 보자. 인터넷은 간편하고도 무서운 속도로 배달하는 이메일을 제공하며 편지로 원거리를 교류하던 커뮤니케이션 판도를 뒤집었다. 우체국은 더는 개인 편지 배달이 중요한 비즈니스가 아니다.

블로그와 소셜네트워크는 출판 시장의 판도를 바꿨다. 기성세대 작가들이 문학상을 받거나 출판사에서 등장했다면 이제는 사람들 호응만 얻어도 손쉽게 작가라는 타이틀을 거머쥔다.

사람들은 인터넷 초창기에 옷이나 신발을 어떻게 화면만 보고 구매하냐며 책이라면 모를까 절대로 옷 매장만큼은 인터넷 비즈니스에서 성공하지 못할 거라고 장담했다. 현재 각종 인터넷 사이트에서 쇼핑한 사람들* 중 45%는 웹스토어에서 의류, 신발, 또는 액세서리를 사고 있다.

---

* Ecommerce Trends: 147 Stats Revealing How Modern Customers Shop in 2017
https://www.bigcommerce.com/blog/ecommerce-trends/

## 블록체인의 활용 사례*

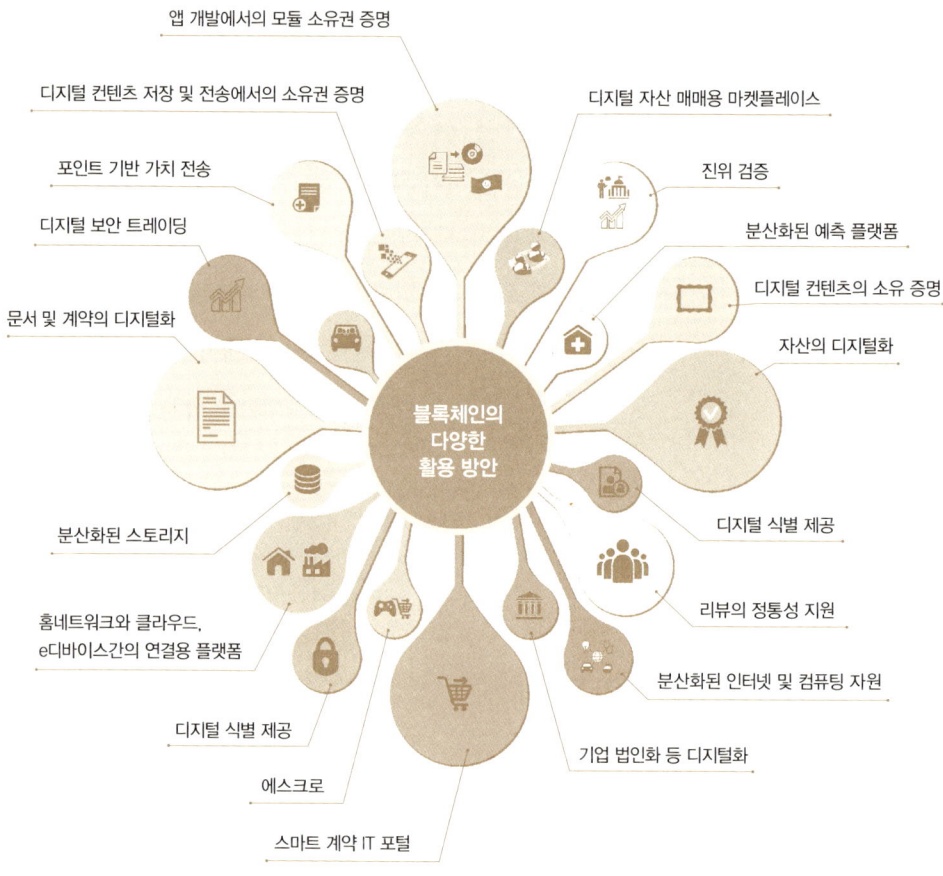

* https://letstalkpayments.com/an-overview-of-blockchain-technology

# 4

# 인간과 조직

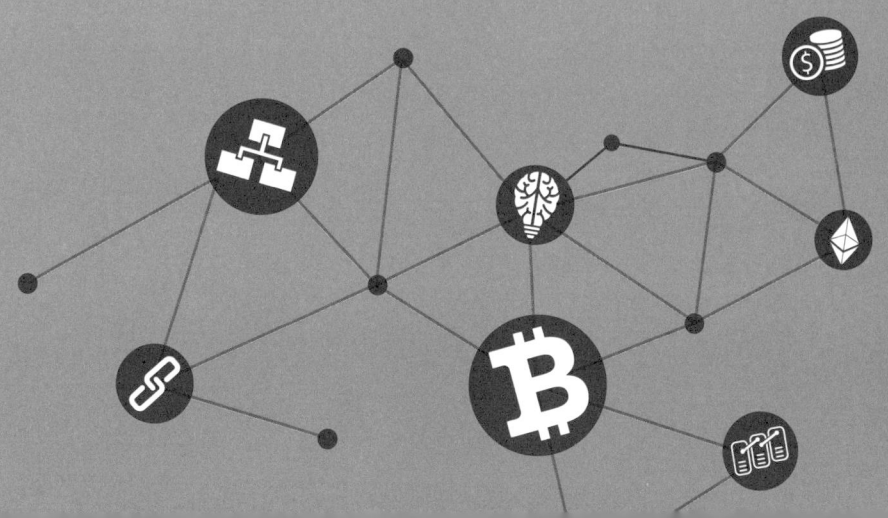

경영이란 사전적 의미로는 기업이나 사업 따위를 관리하고 운영함, 또는 기초를 닦고 계획을 세워 어떤 일을 해나감을 말한다.

작은 정의로 보자면 사업가나 기업가가 많이 쓰는 말이지만, 넓은 의미로는 기초를 닦고 계획을 세워 일을 해나가는 모두가 경영자다. 아빠와 엄마는 한 집안의 계획을 세우고 힘을 모으는 의미에서 공동경영자다. 요즘은 독립 창업을 하는 사람이 혼자서 기획, 개발, 마케팅, 영업, 재무를 할 줄 알아야 한다는 의미에서 1인 기업 경영자라고도 부른다.

경영할 때 제일 고민되는 건 사람이다. 조직원이든, 고객이든 결국 사람 문제다. 인사가 만사라는 말은 동서고금을 막론한다. 사람과 연결, 사람과 성과를 다루는 경영에서 블록체인은 어떤 역할을 할 수 있을까?

4장에서는 현대 경영의 착각과 밀레니얼 세대*의 특징과 함께 현재 조직구조의 문제점을 토대로 매니지먼트에 어떻게 접근해야 할지 다뤄보았다.

---

\* Millennial Generation: Y세대라고도 부르며 X 세대의 뒤를 잇는 인구집단이다. 1980년대 초부터 2000년대 후반까지 출생한 세대를 주로 일컫는다.

# 조직의 변천사

기업과 경영은 어떻게 진화해 왔을까? 기업보다 훨씬 오래된 사회로부터 통찰력을 얻을 수 있다. 사회는 크게 원시사회와 촌락사회를 거쳐 발전했다. 불씨와 미숙한 신생아를 관리하려고 포유류 사회에서는 집단생활을 선택했다. 사회가 태동한다.

세월을 거쳐 국가라는 공동체가 완성된다. 강력한 왕권을 바탕으로 뭉쳤지만, 왕권이 취약해지는 시점부터 국가 간 상인들을 중심으로 한 교환거래가 활발해진다. 시장경제가 등장한다.

정부로서는 초창기 시장은 통제받으려 하지 않는 불온세력일 뿐이었다.[*]

---

[*] 김은환 《기업 진화의 비밀》, 삼성경제연구소

인간이 숲과 유인원에서 벗어날 때 사회적 협력이 작동했고, 문명을 형성하며 국가가 탄생했다. 산업혁명과 근대화가 진행되며 시장경제가 뿌리내린다.

협력의 방식은 사회 상황에 따라 다르지만, 자원을 공정하게 배분하는 기술적 접근은 같다. 집단으로 사냥하든 자원을 채취하든 월급을 받든 최대한 참여자에게 공정한 배분이 이뤄져야 혁신이 지속하기 때문이다.

밀이 인간을 지배하게 된(농담이 아니다) 농업혁명* 시기를 지나 산업혁명이 도래한다. 산업혁명은 크게 4차로 나눌 수 있다. 초기 증기기관을 발명한 1차 산업, 대량 생산과 조립 라인이 들어선 2차 산업, 컴퓨터와 자동화 기계로 생산하는 3차 산업, 마지막 4차가 AI와 결합한 사이버 피지컬 시스템이다. 기계끼리 통신하고 최적화된 수를 찾아내 생산성을 극대화하는 시대다.**

중세와 근세를 잇는 르네상스 시대는 그리스 로마 문명의 무조건적 수용이 아니었다. 인간을 신의 도구로 보고 억압하던 중세는 막을 내리고 종교 개혁의 원동력이 된다. 르네상스의 에너지를 바탕으로 시작한

---

\* 유발 하라리 《호모 데우스》, 김영사
\*\* Kasimir Kaitue 《Fourth Revolution: AI & Cyber physical systems》
https://medium.com/@kkaitue/fourth-revolution-why-we-should-redefine-humanity-b3351bdb6a66

기술은 개인별 맞춤으로 발달해 왔고 앞으로도 쭉 그렇게 발달하리라 예견된다. 블록체인은 이런 개인별 맞춤 거래가 가능하도록 도와주는 기술이다.

4차 산업이라는 말은 거대한 안개 속의 거인과 같다. 존재하지만 잘 보이지 않는다. 세상의 안개가 서서히 걷히는 중에 인간의 창의성과 생산성을 극대화할 조직은 어떤 모습이어야 할까? 인간을 고찰하고 동기부여를 이해하려는 노력이 필요한 이유다.

# 동기부여의 삼각대

산업혁명 초창기에 포드 T 자동차의 창시자인 헨리 포드가 일꾼들에게 했던 푸념은 시대상을 정확히 반영한다.

"나는 저들의 두 손에 월급을 지급하는데 왜 머리까지 달고 오는지 모르겠군"

당시 연속 조립 방식으로 포드시스템을 개발해 인류에게 마이카 시대를 선물한 사람이지만 근로자를 대하는 방식에선 한계가 명확했다. 조립 라인에 있는 일꾼에게는 창의성이 필요하지 않았으니깐.

3차 산업혁명을 지나 4차 산업혁명이 눈앞에 온 시점에서 근로자는 단순히 근로자를 지칭하지 않는다. 아이디어를 포함한 한 사람의 가치

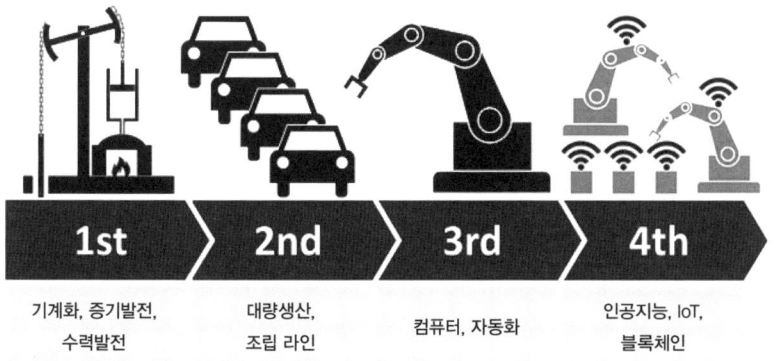

4차 혁명 연대기

는 수많은 비즈니스와 생산성에 영향을 준다. 고인이 된 경영학의 거장 피터 드러커 이후 지식 근로자라는 말은 이제 낯선 용어가 아니다.

지식 근로자에게서 생산성은 언제 향상될까? 앨 고어 전 부통령의 수석 연설문 작성자이자 트렌드 학자였던 '다니엘 핑크'는 그의 책\*을 바탕으로 작성한 영상에서 사람들이 언제 동기부여를 받는지를 과학적으로(또 자본주의스러운 의심으로) 접근해 세 가지 요인을 밝혀낸다. 자율성 Autonomy, 숙련도 Mastery(숙달), 소명의식 Calling이다.\*\*

.....................................

\* 다니엘 핑크 《Drive, 창조적인 사람들을 움직이는 자발적 동기부여의 힘》, 청림출판
\*\* 양정훈, 이동운 《케미스트리》, 헤리티지

### 자율성 Autonomy

자율성은 개인이 스스로 삶의 방향을 정하고 싶어 하는 욕구다. 다니엘 핑크는 '복종'을 원하는 전통적인 경영관리론이 여러 면에서 자율성 욕구와 충돌한다고 지적한다. 단순한 복종이 필요한 시대에서 살지 않는 인재들에게 정교한 업무 수행을 위해 '몰입'을 원한다면 자율성을 넓혀줘야 한다.

'복종'은 자율성보다 더 낮은 동기부여를 일으킨다. 부하직원의 언행 불일치가 자율권이 없을 때 일어난다는 건 놀랄만한 사실이 아니다.[*] 자율성이 보장된 시간이 평소에는 해결하지 못했던 것들을 만들어낸다. 사람들은 자신이 조직 내에서 쓸모 있는 사람임을 증명하고, 증명받기를 좋아한다. 이런 욕구는 자율성이 보장될 때 극대화된다.

### 숙련도(숙달) Mastery

사람들은 어려운 일을 무조건 피하려 하지는 않는다. 반대로 어려운 일이지만 해냈을 때 느끼는 성취감을 즐긴다. 못했던 일을 어느 순간 해결할 때 사람들은 자신이 좀 더 성장했다고 느낀다. 반대로 실력이 안 되는 사람도 할 수 있는 잡스러운 일이 반복적으로 주어졌을 때는 더 큰 실망감을 느낀다.

---

[*] 매경 MBA (《CEO 심리학》 부하직원의 언행 불일치, 자율권 없을 때 일어난다) https://goo.gl/RC9vBA

동기부여를 경제적 이익으로만 연결 짓는 사람은 주말에 경제적 인센티브와 관련 없는 일을 즐겁게 찾아서 하는 사람들을 이해할 수 없다.

'주말에 기타를 연습하는 행위'로 돈을 벌지도 못하는데 열심히 연습하는 사람들이 있다. 자신이 기타 연주가 재미있다는 걸 깨닫고, 시간을 내서 연습하는 걸 선택했고, 실력이 느는 것 자체가 만족감을 주기 때문이다. 자신의 재능(주로 정교한 기술력, 집중력, 또는 코딩능력)을 발휘해 공짜로 리눅스 서버나 위키피디아를 만드는 사람들을 보라. 일도 마찬가지다. 사람들이 수준 낮은 업무, 반복된 업무만 좋아할 거로 생각하면 오산이다. 그런 업무만 찾는 사람은 일 이외의 다른 취미를 통해서 높은 수준, 어려운 과제를 찾고 있을 뿐이다. 사람은 자신이 몸담은 분야에서 성장하고, 더 나은 스킬을 발휘하길 바라며, 더 나은 스킬을 발휘하는 사람을 질투와 동경의 눈빛으로 바라본다.

### 소명의식(목적의식) Purpose

구글은 훌륭한 결과를 제공하는 검색 사이트지만 기술적 이유만으로 최고의 IT 모델이 되진 않았다. 수많은 프로그래머가 당시 야후, 라이코스 등의 검색엔진에서 일할 수 있었다.

'우리는 악한 짓을 저지르지 않는다 Don't be evil'는 좌우명, 세상에 선한 기여를 하면서도 먹고살 수 있다'라는 구글의 신념이 세계의 인재를 진공청소기처럼 빨아들였다.

우리는 이윤 동기부여가 소명의식을 외면했을 때 일어나는 수많은 사례를 목격하며 산다. 갑질과 폭언을 하며 직원을 가족같이 여긴다고 거짓말하거나, 고객만을 바라본다며 뒤로는 고객을 기만하는 회사들. 모두 이윤 동기부여가 소명을 외면한 경우다. 이런 곳에서 사람들은 위대한 일을 하지 않는다. 단지 먹고살려고 다닐 뿐이다. 주변 사람들에게 자신이 몸담은 조직을 말하기 부끄러워하며, 그 조직에 몸담고 있다는 사실을 말하기 꺼린다.

# 조직과 함께할
# 밀레니얼 세대의 특징

현재의 조직은 예외 없는 공통점이 있다. '밀레니얼 세대'와 일해야 한다는 점이다.

밀레니얼 세대는 어떤 특징이 있을까? 그들은 어른이 우리에게 평가했던 것처럼 더 버릇없고, 게으르며 자기 잇속만 챙기는 세대일 뿐일까? 이들은 어떤 시대적 배경과 문화에 영향을 받으며 컸을까? 그들의 가치관은 조직에서 성과를 내는 데 어떤 시너지를 일으킬까?

전 세계 22개국에 2만 5,000명의 밀레니얼 세대와 2만 9,000명의 기성세대를 대상으로 현장연구 한 결과 USC<sup>University of Southern California</sup>의 효율적 조직개발 센터의 제니퍼 딜<sup>Jennifer J. Deal</sup>과 마샬 경영대의 선임연구원 알렉 밀레니얼 세대는 누구인가?*

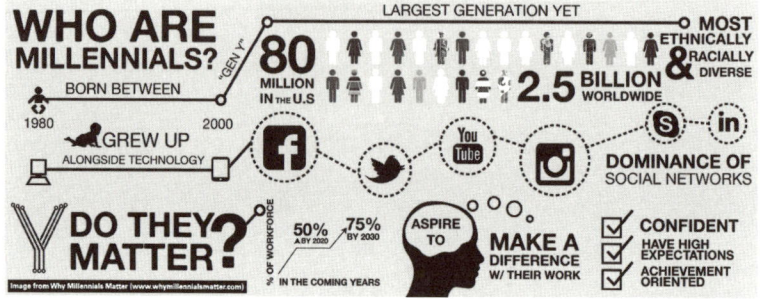

* 링크드 인: STARTUP OR ESTABLISHED COMPANY FOR MILLENNIALS?
https://www.linkedin.com/pulse/startup-established-company-millennials-ilham-nandana-msc/

레빈슨 Alec Levenson 은 이렇게 말한다.*

"밀레니얼 세대는 조직 내에서 직급이나 근무연수와 상관없이 자신의 의견을 제시할 수 있어야 한다고 믿어요. 조직과 상사가 그들의 아이디어를 인정해 주고 반영해 줄 때 일에 몰입도가 높아집니다. 그들이 의견을 제시할 방법, 장소, 시기에 도움을 줘야 합니다. 조직의 도움을 통해 밀레니얼 세대는 쓸모없는 시간을 줄이고, 활용 가능한 아이디어를 생각해 낼 수 있을 겁니다"

* 제니퍼 딜 《밀레니얼 세대가 일터에서 원하는 것 What Millennials want for work》, 박영스토리

일터의 유연성을 강화해야 한다. IT 기술 발달로 열정과 헌신할 준비가 돼 있다면 어디든 깨어 있는 곳이 일터다. 그렇다고 사람 손길이 아예 배제된 조직 생활이 최선은 아니다. '하이 테크, 하이 터치High Tech, High Touch, 첨단 기술도 잘 사용하지만, 관계 욕구도 큰 게 밀레니얼 세대다.

페이스북이나 유튜브의 '좋아요'가 얼마나 큰 영향을 미치는지 보라. 그들은 오프라인에서 자주 만나지 않는 소원한 관계들을 복원하려고 이메일, 소셜 네트워킹, 문자, 메신저, 화상 채팅 등을 적극적으로 활용한다.

이들은 다른 형태의 소통보다 대면 소통을 더 중요시한다. 첨단 기술을 활용한 소통보다는 직접 만나서 상호작용할 때 더 큰 영향력을 줄 수 있고, 좋은 정보를 주고받을 수 있다고 명확하게 인식한다. 후배, 상사, 동료 누구와 이야기하더라도 3/4은 대면 소통을 선호한다고 말했다.

이 세대는 74%가 새로운 첨단 기술이 인생을 더 편하게 해주리라 믿는다. 믿음을 넘어 적극적으로 활용한다. 귀찮은 일을 줄여주고 시간을 벌어주는 덕이다. 기성세대 모두가 밀레니얼 세대에게 새로운 기술과 개념을 배워야 하는 시대다.

마지막으로 조직 내 정치는 밀레니얼 세대를 떠나게 하는 큰 리스크다. 밀레니얼 세대는 이전 그 어떤 세대보다도 '정직'과 '투명성'에 높은 가치를 부여한다. 그들은 진실을 말하고, 진실을 듣고자 하는 욕구를 지닌 세대다. 자신의 조직이 일하기 아주 좋은 조건(연봉, 근로 환경, 사무기기 지원 등)을 갖추고 있다고 하더라도 깨끗한 비즈니스를 하지 못하고, 관리자가 사내 정치에만 관심을 기울인다고 판단할 경우 그들은 퇴사를 이전 세대보다 훨씬 더 진지하게 고려한다.

## 경영의 착각

조직 내에서 인간은 어떻게 경영해야 하는가? 《인간의 이름으로 다시 쓰는 경영학》의 저자이자 성취예측모형을 진행하는 최동석 교수는 자신의 워크숍에서 이렇게 말한다.

"경영학의 존재는 평등하게 실존하는 인간과 불평등하게 존재하는 (노동자로서의) 인간 현실을 어떻게 하면 조화시킬까의 실천적 학문이다"

얼마나 많은 한국의 경영자가 이 의미를 본질적으로 이해할까 하는 궁금증이 생긴다.

인사 조직의 관점에서 좋은 플랫폼이란 구성원의 재능을 맘껏 발휘할 수 있게 만드는 정신적, 물리적 토대다. 경영을 하는 처지에서는 한계와 고충이 분명히 생긴다. 직원들을 인격적으로 대우했더니 뒤통수를 치더라, 잘 해줘야 소용없다 같은.

사람이 올바른 성과를 낼 수 있을까. 인적관리 측면에서 KSA(Knowledge, Skills, and Attitude / 지식, 스킬, 태도 )를 기준으로 정리해 보자. 지식과 스킬은 늘릴 수 있어도 자세, 삶의 태도, 가치관은 잘 바뀌지 않는다. 보통 '사람 잘 안 변해'라고 말할 때 안 변하는 게 '태도'다.

사람을 뽑을 때 좋은 태도를 갖춘 사람을 뽑아야 하는데 잘못 뽑아 놓고서 누구 탓을 하랴. 필자도 HRD와 관련한 교육이나 컨설팅을 하지만, 채용에 훨씬 비중을 많이 두라고 권하는 이유다.

'그걸 초반에 어떻게 아느냐? 알면 벌써 뽑았을 거다'라는 분께 블록체인 매니지먼트는 희소식이 될 수 있다. 바뀌지 않는 성품을 시스템 전체적으로 보완할 수만 있다면 스킬과 지식의 함양으로 더 나은 조직, 역량, 그리고 성과를 만들어 낼 수 있다.

경영학의 대가 피터 드러커는 회사가 보수를 제공하는 이상 직원들에게 어떤 성과를 창출하라고 요청할 수 있는 건 정당하지만, 그러한 요청 이상의 무엇을 직원들에게 강요한다는 건 강탈과도 같으며 전혀 정당성을 인정받을 수 없다고 강조한다.[*]

---

[*] 존 플래허티 《피터 드러커 현대 경영의 정신》

많은 경영자가 직원들에게 열정과 성과를 강조한다. 대부분 인간 심리를 제대로 이해하거나 말과 행동을 일치하려는 데서 찾지 않고 훈육하고 계몽하려고 한다. 드러커는 이 지점을 지적한다. 경영자 대부분이 빠지는 이런 함정을 '계몽 전제주의' 또는 '심리적 전제주의'라고 불렀다.

관리자는 더욱더 자신이 우월한 인물인 줄 착각하고 열등한 사람을 이끌어야 한다고 결론짓는다. 이런 사고는 기본적으로 사람을 치료하고 개조할 대상으로 바라본다.\* 헨리 포드의 모델 T 자동차는 1920년대까지 팔리고 저물었는데 그때의 인간 경영 방식은 100년 동안이나 구시대 유령처럼 한국 사회를 붙잡고 있다.

---

\* 송경모 저 《피터 드러커로 본 경영의 착각과 함정들》

# 당신의 조직은 이렇지 않습니까?
## : 인간을 도구로 생각한다

드라마의 한 장면. 늦은 저녁 엄마가 다 큰 자식들과 화기애애하게 이야기를 나누다가 바깥에서 나는 벨 소리를 듣는다. 모니터를 확인한 엄마가 웃으며 말한다.

"애들아, 얼른 일어나라. 회장님 오셨다"

유명한 카피라이터 박웅현은 이 TV 속 한 장면이 몹시 불편했다고 고백한다.* 바깥에서 일할 때 직책이 회장님인 거지, 집에 오면 한 여자의 남편이고, 아이들의 아빠일 뿐이다. 이것만으로도 충분히 존귀하고 가

---

* 박웅현 《여덟 단어》, 북하우스

치 있는 존재가 아닐까?

집에 와서까지 회장으로 인식되고, 대접받아야 하는 이유가 뭘까? 만약 집에서도 자신이 회장이라고 생각한다면 가족들을 어떻게 대하고 행동할까? 직책이 그 사람을 상징하는 거라면 그 직책을 내려놓을 때 그 사람은 무엇일까? 리더의 단계에서 맨 아래 단계의 리더십은 '권위'의 리더십이라고 리더십 전문가 맥스웰은 말한다.[*]

현재 조직의 가장 큰 문제점은 초기 산업혁명 때 인간을 바라보던 관점에서 여전히 벗어나지 못했다는 것이다.

H 판매회사 김 부장은 얼마 전 판매 실적이 부진해 임원으로부터 질책을 들었다. 화가 난 그는 팀원들을 모두 집합시키고 훈시를 이어나갔다.

"팀이 계속 지면 감독이 선수들을 내쫓던데, 이쯤 되면 당신들도 다 바꿔야 하는 것 아냐?"

처음에 안 그래야지 다짐하면서도 일부에게 기대 이하의 실망을 하면 리더는 구성원 전체를 도둑들 아니면 멍청이로 여기기 쉽다. 월급만 축낸다. 일도 다 마치지 않고 놀 궁리만 한다. 따라서 작업 시간을 통제해야 한다. 왜 지각했는지 다 사유서를 받아야 한다. 멍청하니까 그들을

---

[*] 존 맥스웰 《360도 리더》, 넥서스 BIZ

대신해서 생각하고 판단해 주는 누군가가 있어야 한다 등등….

결론적으로 이는 맥그리거의 X, Y 이론 중 인간은 본래 일하기 싫어하고 지시받은 일밖에 하지 않으므로 엄격한 감독과 강화된 통제가 필요하다는 X 이론에 해당한다. 이게 맞는다고 믿으면 온갖 종류의 규정, 통제, 처벌을 인간에게 적용하라. 틀림없이 멍청하고 월급만 축내는 행동을 계속해서 발견하게 될 것이다.

국내 유명한 E 엔니지어링 기업은 직원 신분증을 활용해 업무 시간 중 카드 태그를 하고 사무실을 빠져나가 30분이 넘어도 다시 들어오지 않으면 팀장과 윗선에 경고 메일이 날아가도록 세팅을 해놓았다. 커피숍을 가도 그렇지만 업무 때문에 외부에서 손님이 와도 마찬가지다.

사람들은 자기 팀장에게 메일이 전송되는 상황을 극도로 꺼려 고객과의 미팅도 시계를 보면서 마감하고 일어난다. 잠재적 시간 도둑으로 여기고 사람을 대하는 공간에서 창의성과 자발성이 얼마나 나올 수 있을까?

아까 H 판매회사 이야기 마무리. 김 부장에게 질책을 듣던 직원들 사이에서 침묵을 깨고 축구선수를 했던 팀원 하나가 조심스레 말했다.
"저… 계속 지는 경우엔 보통 감독을 경질하는데요"

통제가 심해질수록 조직은 할 수 없어서 일하는 사람들로 채워진다. 다음은 네티즌 사이에서 큰 인기를 끈 사축(社畜) 동화의 일부분이다.

> **〈빨간 모자 이야기〉**
>
> 빨간 모자 "할머니 귀는 왜 그렇게 큰 거야?"
>
> 할머니 "그건 매일 고객들의 클레임을 듣기 위해서란다"
>
> 빨간 모자 "할머니의 눈은 왜 그렇게 커다래?"
>
> 할머니 "매일매일 13시간씩 컴퓨터를 보기 위해서란다"
>
> 빨간 모자 "왜 일을 그만두지 않는 거야?"
>
> 할머니 "그건 말이야. 65살이 넘지 않으면 연금이 안 나오기 때문이란다"

사축 동화는 회사가 하라는 대로 하고, 어떤 구조적 문제에도 불평하지 못하는 직장인들을 자조적인 풍자로 비꼰 동화다.\* 경영자와 회사원을 다 경험한 일본의 작가 히노 에이타로는 현대 노동 현실의 모순을 깨닫고 '탈사축 블로그(dennou-kurage.hatenablog.com)를 개설하고 이를 묶어 책으로 내 큰 공감을 얻었다.\*\*

정부 조직의 실세였던 K 실장이라는 사람이 출근하면서 자기 조직원들에게 말해 유명해진 업무지침을 보았다. 거기에는 이렇게 쓰여 있다.

---

\* 청년들의 비애 '사축동화'를 아시나요. https://goo.gl/6zE2Lg

\*\* 히노 에이타로 《아, 보람 따위 됐으니 야근 수당이나 주세요》 오우아

"여기는 어떠한 엔조이도 없다. 모든 것을 바쳐 헌신해라. 야간의 주간화, 휴일의 평일화, 가장의 초토화, 라면의 상식화를 이뤄라"

이 말을 처음 출근한 새로운 상사에게서 듣는 직원들의 기분은 어땠을까. 봉준호 감독의 영화 《옥자》에 나오는 슈퍼 돼지들(돼지 공장 안에 갇힌) 기분이 이렇지 않았을까.

조직 워크숍을 하다 보면 "당신을 일하게 만드는 건 무엇입니까?"라는 철학적 질문에 과반수가 "마지못해 일한다", "먹고살려고 일한다", "어쩔 수 없이 일한다", "다른 곳에 갈 능력이 없어서, 다른 일을 할 능력이 없어서 일한다"라고 답변한다. 솔직하게 말하면 과반수를 '훌쩍' 넘긴다. 인생의 반을 일로 보내는 사람들이 보여주는 민낯이다.

아빠가 건물주인 사람들은 회사가 지겨우면 떠난다. 어차피 월급은 용돈 용도로 받아서 친구들 고기 몇 번 사주려고 심심해서 다니는 거니까.

그러나 나머지는 떠나지 못한다. 다른 일자리를 얻는다고 해도 거기서 자신이 존중받을 거라는 확신이 없기 때문이다. 직원들은 떠나지도 못하고 집착과 자기 이익으로 뭉친 상사 밑에서 왜 그 일을 해야 하는지도 모르고 따른다. 당근과 채찍만이 능사라 생각하는 상사 밑에서 직원들은 점점 돼지, 말, 당나귀가 되어간다.

# 당신의 조직은 이렇지 않습니까?
## : 리더 만능주의

C 기업의 인사시즌 풍경. 모든 직원은 일하는 척하지만, 사내 공지사항 게시판을 슬쩍슬쩍 보고 있다. 저녁 5시. 한쪽 책상에서 나지막한 탄식이 흘러나온다.

"아우! 우리 실 임원 J 상무로 떴어. 어떻게 하냐? 젠장!"
"진짜? J 상무라고? 안 돼. 이번 연도에 집에는 다 들어갔네"

상황이 궁금한 신입사원이 묻는다.
"저… 김 대리님. 안 좋아요?"
"안 좋다마다. 작년에 구매지원실 직원들 다 폭파당했다니까. 저분 말도 안 되는 일로 사람들 야근 엄청나게 시켜. 자기 라인만 챙기고. 아니라고 생각해 찍히면 말도 안 되게 모욕 주면서 사람 갈구는 건 또 어떻고. 위에 아부해서 출세하는 것밖에 관심 없다고. 그냥 우리 1년 죽었다 버티는 수밖에 없단 말이야"

조선왕조 500년을 돌이켜 보자. 정말 위인이라고 생각하는 인물은 누가 떠오르는가? 대부분 세종대왕과 이순신 장군, 더 추가해야 정조 정도다. 맞다. 500년 역사에 서너 명 기억된다. 그것도 우연 속에서.

조선 시대 백성은 운명의 주사위에 자신의 삶을 맡겨야 했다. 좋은 리더가 나오면 잠시 숨을 쉬고 400년 이상의 역사는 계급 사회의 불평등 아래 신음했다.

21세기 이 땅의 조직도 다를 게 없다. 리더의 철학에 따라 조직이 달라진다. 인사철마다 우리 위에 누가 오시는지가 초미의 관심사다. 조직의 성과를 리더의 영향력, 한 개인의 카리스마에 기대기 때문이다.

독일의 사회학자 막스 베버Max Weber가 처음 사용한 카리스마라는 단어는 "한 개인이 보통 사람들과 구별되는 어떤 자질 또는 초자연적이거나 초인간적인 예외적인 힘이나 능력을 받았다고 인정되는 특별한 자질"[*]이라고 설명한다. 한마디로 반신반인, 슈퍼맨 같은 사람이다.

이제 한국 사회는 왕정 시대도 아닐뿐더러 한 사람이 모든 걸 결정하는 시대가 아니다. 더는 전통적 카리스마가 맞지 않는다. 인터넷과 세계

---

[*] 진재현 《리더가 죽어야 리더십이 산다》

화의 물결 속에서 수명이 끝나고 있다.

   당연한 게 아니냐고 반문하지만 생각해 보자. 건강한 조직이라면 어떤 리더가 올라가느냐에 상관없이 시스템이 건강하게 유지되어야 한다. 인사에 따른 관심과 정신적 소모가 줄어든다. 절이 싫으면 중이 떠난다는 말이 있는데 사실은 주지 스님 때문이라는 우스갯소리가 있다. 어떤 주지 스님이 들어오든 절에서 내려온 원칙과 시스템으로 운영되면 절은 건강한 문화를 유지한다.

# 당신의 조직은 이렇지 않습니까?
## : 수직 구조

회사의 흔한 풍경 하나.

"왜 자꾸 자료 삭제하라고 하는 거야? 이거 알면 소비자들 분명히 컴플레인 할 텐데?"

"회장님 지시사항입니다"

"그래? 뭐 까라면 까는 거지. 알았어"

회사의 흔한 풍경 둘.

"팀장님, 우리 올 초에 B 프로젝트 건 무슨 일이 있어도 해내야 한다고 했잖아요? 지금 다들 밤새우면서 난리가 아닙니다. 그런데 뜬금없이 F 프로젝트에 매달리라니 무슨 말씀이세요? 그거 별로 수익도 안 남아요. 파급효과도 적고요. B 프로젝트 내년까지 연기하고 할 만큼 명분이 없어요"

"회장님 아들이 어디 갔다 오더니 갑자기 그거 해야겠다고 임원회의 때 말씀하시더라고. 본부장님도 지금 다른 팀 프로젝트 다 틀고. 난리도 아니야"

"그래요? 아휴…"

수직화한 조직은 구조상 필연적으로 권력이 한곳으로 몰리는 집중화를 만든다. 의사결정이 빠르고 위계질서가 확실한 특징이 있지만, 부작용 역시 만만치 않다.

권력 집중화는 가장 위쪽에 몰린 권력에 더 큰 권력을 선사하기 위해 필연적으로 하부구조에 경쟁을 일으킨다. 건전한 경쟁이면 좋겠지만, 사내 경쟁은 사내 정치로 변질될 개연성이 높다. 약육강식의 시스템으로 바뀌면서 자신을 돋보이게 하고 다른 부서를 헐뜯기 쉬워진다. 잘하면 나, 우리 부서 덕이고, 못하면 협조 안 해준 부서 탓이다.

음모와 모략이 넘쳐나기 시작하는 조직에서 사실은 중요하지 않다. 중요한 건 권력을 가진 이가 그렇게 인식하느냐 아니냐다. 대한민국에서 권력의 사유화에 따라 사회 손실도 눈덩이처럼 커지는 일들은 무척 흔하다.

권력의 집중화는 리더의 자질에 따라 조직의 흥망성쇠가 달라지는 만큼 그 자체만으로도 수많은 다른 문제점을 낳는다.

권력이 집중하면서 첫째로 생기는 문제는 조직 간 소통의 결여다. 사람들은 자기보다 직급이 높은 사람들 표정이나 몸짓에만 민감해진다. 동료의 고통과 무능은 자기 능력을 돋보이게 하는 중요한 척도가 된다.

옆 부서에서 받는 손실 10만큼 우리 팀 이득이 5가 나아 보일 수 있다면, 동료의 무능함 10이 나의 무능함 5를 덮어 내가 +5가 되어 보일 수 있을 때 기꺼이 이를 선택한다. 조직 전체적으로는 분명히 5만큼의 손해가 발생했는데도 말이다.

부서 간 이기주의를 타파하려는 수많은 노력이 있지만, 해결은 요원하다. 조직의 소통뿐 아니라 개인의 소통 능력도 권력이 집중될수록 떨어진다. 회사에서 "부사장님 사랑해요"라고 직원들이 회의시간마다 하트 뿅뿅을 날리면 부사장은 자신이 진짜로 직원들에게 사랑받는 줄 착각한다. 이런 경향은 조직을 점차 악화시킨다. 사람들은 윗사람에게 '무엇이든 문제없습니다' '당신이 최고입니다' '당신 말이라면 무조건 옳다고 생각하고 따르겠습니다' 등의 시그널만 보낸다.

권력이 있는 사람은 아래 사람의 표정이나 몸짓으로 유용한 정보를 얻지 못한다. 소통을 통해 얻을 수 있는 정보가 점점 줄어드는 셈이다.

둘째로는 리더의 공감 능력이 서서히 사라진다. 대커 켈트너 미국 캘리포니아대 버클리 캠퍼스 심리학과 교수의 연구는 "권력은 마치 환자의 공감 능력을 모두 죽이는 종양과 같다"라고 말한 역사학자 헨리 애덤스의 말을 뒷받침한다.

켈트너 교수는 연구대상에 권력을 주는 실험을 했는데, 권력을 부여받는 이들이 마치 정신적 외상을 유발하는, 뇌를 다친 사람처럼 행동한다는 결과를 얻었다. 연구대상들은 더 충동적으로 됐고, 위험에 대한 인지도가 떨어졌으며, 가장 중요하게는 역지사지하는 능력이 하락했다.*

권력을 얻기 전까지는 사람의 감정을 파악하는 게 중요한 일이지만, 일단 권력을 획득하고 나서는 그 밑에 있는 사람들의 기분을 파악할 이유가 없어진다. 이런 구조에서 아랫사람에게 관심을 두고 돌보라는 이야기는 예수님으로 환생하라는 구호와 다르지 않다.

인문학적 통찰이 부족한 오너들은 자신을 '하늘과 사람 사이에서 생겨난 어떤 존재. 몸은 사람이지만 능력은 신에 가까운'이라고 인식한다. 왜 그렇지 않겠는가? 주변에서 단 한 번도 비난받은 적이 없고, 어릴 때부터 물질적 풍요와 생살여탈권을 휘두르면서 살아왔는데. 그러니까 일반 사람들이 저지를 수 없는 짓을 저질러 놓고도 태연할 수 있다.

공감 능력이 중요한 이유는 다른 사람이 웃을 때 함께 웃고, 다른 사람이 긴장할 때 함께 긴장하는 것이 인간관계를 원활하게 하는 것 이상의 역할을 하기 때문이다. 공감 행위는 인간에게 타인이 경험하는 감정을 함께 느끼고, 타인이 어떤 말이나 행동을 하는지 이해할 수 있도록

----

* 민중의 소리 《오만증후군: 권력이 뇌를 망친다》 http://www.vop.co.kr/A00001228412.html

한다. 켈트너 교수는 "권력을 가지면 타인의 경험을 되씹지 않는다"며 이것이 "공감 능력의 결여로 이어진다"라고 주장했다.*

셋째로 권력 집중화로 견제받지 못하는 권력이 늘어나며 이는 큰 불투명성으로 이어져 신뢰를 얻는 데 많은 거래비용을 발생시킨다.

이사회 제도는 실제로는 권력자의 주변 인물들로 채워져 견제는커녕 권력을 공고히 하는 수단으로 활용되는 경우가 흔하다. 불투명성이 커질수록 조직원은 조직을 신뢰하지 않게 된다. 가령 '분명히 자기들끼리는 뒤에 뭐 숨겨 두었을 거야. 이번 회사 이익 난 거로 사모님 집 고치는 데 썼다며? 경리가 60억을 해 먹었는데 어떻게 다닐 수 있는 거야? 이번에 회사가 손해났다는데 임원끼리만 해외여행 가는 거 맞아? 정말 손해가 나긴 한 거야? 이번에 한 합의가 이면 합의라는데 그러면 진짜 내용은 뭐야? 왜 숨겼대?' 같은.

개인 역량으로 소통하겠다는 리더도 간혹 있지만, 진실을 알고 싶어 하는 소문은 눈덩이처럼 불어난다. 점심시간 사내 식당에서, 커피숍에서, 회사 외근 나가는 길에, 그들만의 단톡방에서….

...................................................

\* Power Causes Brain Damage
https://www.theatlantic.com/magazine/archive/2017/07/power-causes-brain-damage/528711/

# 불합리한 구조 속에서
# 파괴돼 가는 인간성

'감옥과 직장의 차이'라는 유머의 한 토막이다.

> 감옥: 대부분 시간을 3 X 4m의 공간에서 보낸다.
>
> 사무실: 대부분 시간을 2 X 3m의 공간에서 보낸다.
>
> 감옥: 하루에 세 번 따뜻한 식사를 얻어먹는다.
>
> 사무실: 식사하기 위해 단 한 번만 휴식을 취하고 식비도 직접 낸다.
>
> 감옥: 행실이 좋으면 감형을 받는다.
>
> 사무실: 일을 잘할수록 미친 듯이 더 많은 일이 할당된다.*

\* 롤프 브레드니히 《위트 상식사전》, 보누스

우연히 눈에 띈 책 속의 한 구절도 일맥상통한다.

"항상 스트레스와 피로에 찌들어 있고, 운동 부족에, 인생을 회의적으로 바라보고 있으며, 자기 혐오, 해소할 길 없는 분노, 그리고 고질적 우울증과 심각한 편집증에 시달리고, 지속적인 고통을 느끼는 신체 부위가 하나 이상인 데다가 속을 털어놓을 상대가 없어 늘 외롭고, 타인을 불신하며 폭식을 하고, 잔인하게 살해하고 싶은 사람을 최소 두 명 이상 품고 있는 인간을 뭐라고 부르는지 아십니까?"

침묵이 퍼졌다. 잠시 손톱을 물었던 그녀가 답을 꺼냈다.

"연쇄… 살인마?"

나는 고개를 가로저었다.

"회사원입니다."[*]

1970년대 서울 평화시장 재봉사들은 점심을 먹자마자 서둘러 화장실로 달려갔다. 2천 명이 넘는 사람들이 일하는 곳에 남녀 공용 화장실은 단 3개. 화장실 줄서기로 날아간 시간은 점심때 동료들과 어울리는 잠깐의 여유조차 사치로 만들었다.

30년이 훌쩍 지난 21세기 풍경은 어떨까? 2008년 서울 지하철의 한 차장이 뒤따라오는 열차에 치여 사망했다. 차장이 기관실에서 똥을 누려다가 선로에 떨어져 일어난 참사다.

---

[*] 김정호 https://goo.gl/LTVbQd

왜 차장은 화장실이 아닌 기관실에서 볼일을 보려 했을까? 지하철을 운전하는 사람은 한 번 운전대를 잡으면 열차가 순환하는 4시간 30분 동안 화장실에 갈 수 없기 때문이다.*

열차 운전자도 사람인데 기관실이나 정류장 어디에도 급한 일을 볼 공간이 없으니 운전자들은 기관실에 신문지를 깔고 볼일을 본다. 검은 비닐봉지, 신문지, 빈 페트병이 운전자들의 필수품이다. 그래놓고 회사가 그들에게 해주는 말이라고는 '운전 전날 과식과 과음을 삼가라'였다.

비즈니스 사상가인 개리 해멀은 말한다. "우리는 우리의 경영 방식이 낡았다는 걸 본능적으로 안다. 형식적인 업무와 일상 루틴들이 다소 우스꽝스러워 보임을 잘 알고 있다. 딜버트(기업 내 조직 문화 풍자만화)의 익살에 바로 친해지면서 또한 진저리치는 이유다"

우리는 이미 알고 있다. 오늘날 경영 방식이 21세기하고 잘 맞지 않는 다는 걸. 창의성이 필요하다지만, 궁둥이를 붙이고 있는 시간을 강요하며, 개성을 존중한다고 하지만 특정 권력을 유지하려고 소모품으로 대할 수도 있다는 걸. 불만이 많지만, 딱히 대안도 없다는 걸. 몰입과 성과를 외치지만 진짜 중요한 문제는 해결하지 않고 느릿느릿 어떻게 되겠지 하면서 보여주기에만 더 집착하고 있다는 걸.

--------

\* 하승우 《민주주의에 반하다》, 낮은산

대한민국의 경영 시스템은 삐걱거리면서 위태롭게 굴러가는 자동차를 연상케 한다. 언제 어디서 바퀴가 빠지고, 휠이 부러지고, 엔진이 주저앉을지 모르는데도 꾸역꾸역 고쳐서 끌고 가보겠다는 아슬아슬한 90년대 고철 자동차.

# 5

# 블록체인 매니지먼트

―

블록체인 기술에 경영을 도입해 보자.

기존 조직들의 문제점을 해결할 기술적 접근. 블록체인의 활용 등을 다뤄보는 장이다. 경영 철학이 발달한 외국에서 고민 중인 단계며 국내에서는 초창기다. 위기라는 단어 속에는 '기회'라는 의미가 숨어 있다. 이 장을 읽으며 상상력을 발휘해보기 바란다. 여러분의 상상 속에 아직 대한민국이 가져가지 못한 기회가 숨 쉬고 있다.

―

# 블록체인 매니지먼트란

상상력이 자산이다.

　인간은 한계를 지닌 동물이다. 이기적 에고가 있고, 남을 비판하고 소문에 민감하며, 소문을 퍼뜨린다. 이런 동물이 모인 조직이 완전할 수는 없다. 게다가 의식 수준이 낮은 상태에서 만든 조직이라면 더 말할 필요도 없다.

　뿌린 대로 거둔다. 두려움은 두려움을 낳으며 신뢰는 신뢰를 낳는다. 피터 드러커는 성과는 가늠하는 것measure이지 세는 것count이 아니라고 했다. 단순히 세는 것에 집착하면 조직의 변화를 끌어낼 수 없다. 감지해야 한다. 감정에 충실하고 사람을 이해해야 한다.

'문제는 그 문제를 처음 만들어낸 의식 수준으로는 절대 해결할 수 없다(No problem can be solved from the same level of consciousness that created it)'라고 아인슈타인이 말했다. 문제를 많이 풀어본 사람은 통찰력이 다른가 보다. 오늘의 조직 문제, 경영 문제를 풀려면 처음 의식 수준으로 접근해서는 답이 없다.

좋은 답보다 좋은 질문이 생명력이 길다. 아주 단순한 질문으로 시작해보자. 일하면서 창의성과 열정을 마음껏 쏟아부을 수 있다면? 성과를 공평하게 함께 배분하고 서로를 의심하느라 드는 시간과 에너지를 낭비하지 않을 수 있다면? 이런 조직은 어떤 특성을 갖춰야 할까?

앞서 말한 자율성을 최대한 발휘하게 해야 한다. 불신의 요소인 불통과 정보독점을 과감히 낮추고 자기 경영, 자기 팀 경영을 스스로 하게 만들어야 한다. 자기 주도 경영 조직에서는 권한의 한계가 없고 구매전담 부서도 없다. 스태프 인력은 최소한으로 낮추고 투명성을 극도로 높여 조직에 해를 끼치는 요소들을 제거한다.

분산자율 조직 DAO, Distributed autonomous Organization을 상상해보자. 식품 가공업체로 종업원 2,400명과 함께 미국에서 토마토 가공, 수송에서 압도적인 점유율을 자랑하는 모닝스타란 회사가 있다.
모닝스타 직원들이 다른 사람들과 약속을 잡은 도식을 본 적이 있는

데 그물망처럼 서로 촘촘히 얽혀 있었다. 수직 구조 조직에서는 결코 볼 수 없는 그림이다.

한국 기업들의 점심 문화를 떠올려 보자. 누구랑 식사하는가? 대부분 어쩔 수 없이 팀원과 한다. 다른 이들과 약속을 잡고 교류하는 게 어렵기 때문이다. 대부분 같은 팀원과 식사하는 비중이 50% 이상이다. 그중 일부는 정치적인 이해관계로 팀장과 식사를 한다. 팀장은 다시 임원과 식사 자리를 잡으려고 한다. 임원은? 사장이 없으면 누가 자신을 데려오기를 바라다가 아무도 나타나지 않으면 처참함과 일말의 분노를 느끼며 구내식당으로 걸어간다.

분산자율 조직은 누구와 약속을 잡고 교류하는 데 거리낌이 없다. 모두가 일하러 모였을 뿐이고 책임져야 할 위치에 따라 각각 배치됐을 뿐이지 인간으로서 가치는 동등하기 때문이다. 옆 팀 누구와도 어울릴 수 있고, 팀장과 임원 누구와도 일에 관해 허심탄회하게 이야기할 수 있다. 이런 조직은 거미집처럼 회복 탄력성이 높다. 계층이 없거나 극히 낮으므로 승진을 목표로 하는 정치적, 비생산적인 행위가 사라진다.

혁신은 기득권에서 오지 않는다. 미국 동부의 중심인 워싱턴이나 월스트리트에 근무하는 사람들을 떠올려 보라. 앵글로 색슨 피로 가득 찬 기득권자들은 찢어진 청바지에 머리를 염색하지 않는다. 그들의 양복은 갑옷이며 가죽 브리프 케이스는 창이다. 하얀 와이셔츠를 칼처럼 다려 입고, 넥타이는 '나는 이렇게 너희들이 함부로 대할 수 없는 존재다'라는 무언의 깃발이다. 지키려는 이들의 아이콘이다.

개척정신으로 무장한 이들은 대부분 서부에 모여 있다. 캘리포니아가 대표적이다. 캘리포니아는 씽크탱크 Next 10이 조사한 탄소 경제지수에서도 1.68로 프랑스에 이어 세계 2위다(한 나라가 아니고, 한 주의 위력이다). 총 전력의 23%가 재생 에너지고 전 세계 전기 자동차 판매의 19%를 차지한다(2위가 중국이다).* 트럼프의 반(反) 이민 행정명령에 맞서 불법 체류 이민자 보호에 적극적으로 나서겠다고 공언한 곳도 캘리포니아다.**

미국의 혁신은 월스트리트가 아니라 캘리포니아다. 미국에서 동서 간의 충돌은 문화적 충돌이자 구세력과 신세력 간의 충돌이기도 하다.

현재 캘리포니아 한 주의 GDP는 2조4천600억 달러(약 3천조)로 프랑스(2조2,220억 달)와 인도(2조91억 달러)를 제치고 전체 6위다.*** 애플, 구글, 오라클, 휼렛 패커드 등의 본사가 있는 캘리포니아의 실리콘 밸리는 지금도 성과를 위해 가장 효율적인 조직과 경영을 실험 중이다.

블록체인 매니지먼트는 블록체인 기술을 경영에 도입해 조직을 운영

---

\* 에너지경제 '탄소경제지수 캘리포니아 세계 경쟁력 도시' http://www.ekn.kr/news/article.html?no=137718
\*\* 도널드 트럼프가 캘리포니아주에 전쟁을 선포했다. http://www.huffingtonpost.kr/2017/02/07/story_n_14633500.html
\*\*\* 캘리포니아 GDP 세계 6위... 프랑스, 인도 제쳐 http://www.yonhapnews.co.kr/bulletin/2016/06/16/0200000000AKR20160616006700075.HTML

하는 일을 말한다. 인간의 한계를 기술로 보완하려는 의지다.

말로만 하는 신뢰가 아닌 실행으로 지켜지는 신뢰, 보이지 않는 정보가 아닌 공유하는 정보, 불합리와 부조리를 원천적으로 차단하는 엄격한 방어가 기술로 지원된다. 이런 조건들은 경영을 좀 더 효율적으로 만들고 사람들의 신뢰성을 높이며 결과적으로 몰입과 생산성을 향상할 수 있다.

새로운 기술이 가져온 세상을 보자. 인터넷은 미디어와 광고 시장을 재편했다. 스마트폰은 전통 노트북 시장을 재편했다. 은행 없는 금융업무가 불가능했던 이유는 개인 간 신뢰가 없고, 속도가 느렸기 때문이다.

만약 신뢰성이 높고 속도 빠른 운영 체계가 생겨난다면 어떤 일이 벌어질까? 우리 세대는 지금 눈으로 금융 질서가 재편되는 과정을 지켜보고 있다. 경영 전반을 혁신할 이런 일들은 시간문제일 뿐이다.

블록체인 기술로 조직을 만든다면 현재 조직구조의 문제점을 상당 부분 해소할 수 있다.

**1** 인간을 도구에서 목적 그 자체로 대할 가능성이 커진다.
**2** 불필요한 통제가 사라진다.
**3** 리더 만능주의의 한계를 벗어날 수 있다.
**4** 수직 구조로부터 생기는 문제점을 줄일 수 있다.

5 부서 간 이기주의가 획기적으로 줄어든다.

6 정보 차단 왜곡이 사라진다.

7 성과만 가로채려는 일부 세력의 불법이 근절된다.

8 성과에 따른 팀별 제도나 조직 문화가 동기부여로 바뀐다.

9 통제는 연대와 협력으로 바뀔 수 있다. 명령과 복종의 문화는 대화와 토론의 문화로 나아갈 수 있다.

10 기존 경영이 억압과 착취의 도구로 느껴졌다면 합의와 실행의 프로세스로 바뀔 수 있다.

'기술로 구현되는 신뢰 경영'이자 '디지털 기술로 완성하는 경제 민주주의'인 블록체인 매니지먼트는 '미래는 이미 와 있다. 단지 널리 퍼져 있지 않을 뿐이다(The future is already here - it's just not very evenly distributed)'[*] 라는 말처럼 먼 미래가 아니다.

---

[*] William Ford Gibson: 1980년대 사이버펑크 붐을 선도한 SF 소설가

# 블록체인 기술을
# 현실로 만드는 도전들

행정 사업 대부분은 주민과 공동체의 참여와 이해 없이 관 주도로 추진된다. 마을공동체의 비전도 전략도 없는 상황에서 추진한 정책들은 행정기관과 사업 간 연계성을 잃은 채 중복 지원의 문제까지 드러냈다. 2017년 경기도는 '2017 따복* 공동체 주민 제안 공모사업' 과정을 진행했다.

심사과정을 블록체인으로 관리해 온라인 투표의 공정성을 확보하고 직접 민주주의 실험을 성공적으로 마쳤다.** 주민이 의제를 설정하고 정

---

\* 따복: '따뜻하고 복된'이란 뜻의 줄임말. 주민 공동체 앞에 붙여 주민 주체, 참여를 지향함을 의미.

\*\* 경기도 따복공동체 지원센터 《좋아요! 직접 민주주의 내 생애 최초의 경험, 블록체인 심사》

따복공동체 주민 제안 공모사업 심사 페이지

책집행까지 참여하며, '누가 어떤 제안을 했고 얼마나 많은 사람의 참여와 호응을 끌어냈느냐'라는 결과가 투명하게 운용되는 게 중요 포인트다.

투표, 심사, 민원 등 거버넌스의 신뢰성이 증대된다면 이는 곧 세금의 낭비를 막을 수 있는 해결책과 직결되며 정부의 투명성을 강화하는 데도 큰 도움이 된다.

실제 부패가 만연한 후진국에서는 투표결과의 투명성이 크게 문제가 되곤 한다. 전자 투표로 바꾼다고 해도 문제가 해결되지 않는 이유는 해킹으로 1인 1표 결괏값이 특정 세력에게 유리하게 확대 또는 축소되거나 아예 관리자나 제삼자가 투표결과를 조작할 수 있기 때문이다.

블록체인 기반 투표는 이런 문제를 해결할 수 있다. 투표결과를 블록에 기록하는 인력이 개표하는 게 아니고 암호를 풀기 때문에 개표자 수준에서 조작할 수 없고 기록된 블록을 바꿀 수도 없으므로 개표 후 결과 조작도 할 수 없다.

참여도 쉬워졌다. 기존에는 각 공동체 대표 중심으로 참여해서 투표했다면 블록체인 도입 뒤 공동체당 10명씩 총 8,150명의 주민이 자신들의 공동체 사업 심사에 직접 참여할 수 있게 됐다. 대표 1명이 하던 투표를 10명이 하니 참여도 역시 10배로 늘어난다.

과거에 이렇게 많은 인원이 투표에 참여하려면 조작, 담합, 중복투표, 해킹의 위험에 시달리며 이를 방지하려고 많은 인력, 장비, 비용과 시간이 투입됐어야 했다. 그러나 블록체인 기술로 투표의 신뢰성과 안정성, 경비 절감을 동시에 달성했다.

서울시도 마찬가지다. 서울시 청년수당 희망자는 그동안 고용노동부·국민건강보험공단에서 서류를 직접 발급받아야 했지만, 이제는 청년들이 개인정보 제공에 동의만 하면 서울시 서버가 각 기관 개인정보를 한 번에 조회해 접수한다. 이때 서류발급 확인 절차가 간소화돼 2개

## 블록체인심사 추진체계[*]

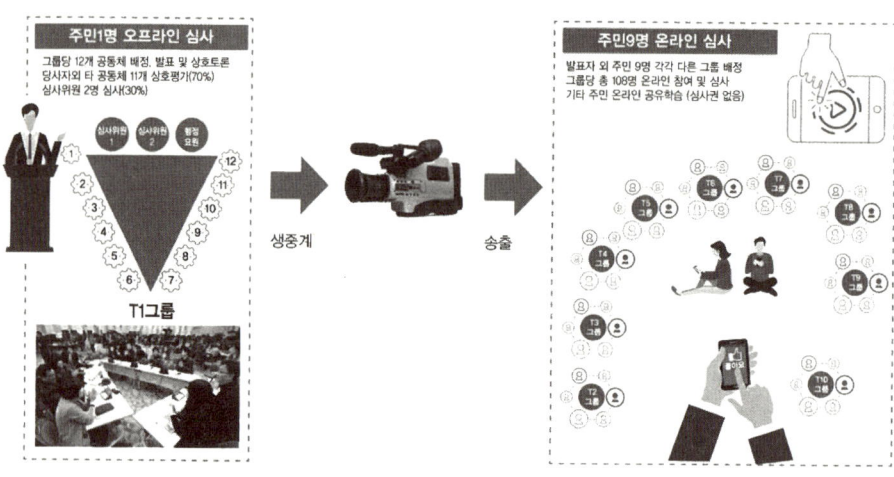

* OSS '공개 S/W 활용 성공사례' https://goo.gl/2rh2qu

월 걸렸던 수당 지급 기간이 1개월 이내로 단축된다고 서울시는 설명했다.[*]

영국도 정부가 블록체인 기술을 활용한 스마트 계약을 활용하면 부처 간 소통이 투명해진다는 데 기초해 분산원장 기술 활용을 꼼꼼히 검토하고 있다.

* 뉴시스 《서울시, 4차산업 '블록체인' 도입 해킹, 위변조 아웃》 https://goo.gl/XsZLHT

독일의 베를린 스타트업 마모루<sup>Mamoru</sup>는 자전거 공유 서비스를 블록체인에서 구현해 소유 문제를 해결했다. 자전거의 실시간 소유자, 대여 내용, 기간, 요금 등 정보를 블록체인에 기록해 관리하고 대여 정책을 위반하면 해당 기록은 영원히 블록체인에 저장돼 나중에 이용할 때 자동으로 벌금을 부과하게 한다. 도난 위험은 블루투스 기반의 스마트 태그를 자전거에 심어 추적할 수 있게 했다.*

대여 서비스는 자전거에만 국한되지 않는다. 정수기, 안마기, 차량부터 산업현장 장비, 악기, 사무실 가구, 캠핑 장비까지 심지어 온라인 상품에도 블록체인 적용이 가능하다.

넷플릭스는 DVD 대여 사업으로 시작했다가 인터넷 스트리밍 서비스로 전환했는데, 불법 복제나 카피 등에 블록체인 기술을 적용하면 자사 고객 누구로부터, 언제 어디서 불법 유통이 시작됐는지를 단번에 파악할 수 있게 된다.

또 대여 업체들이 모여서 블록체인 기술을 한꺼번에 적용한다면 어떤 고객이 불량하고, 어떤 고객이 우수한지 실시간으로 함께 알아낼 수 있다. 신뢰도가 높은 고객은 저렴한 가격에 물건을 빌릴 수 있게 된다. 불량고객의 신용도는 블록체인으로 묶인 대여 사업자에 동시에 공유된다. 정수기 임대 때 신용도가 떨어진 고객이라면 차량 임대 사업자들도 이

---

\* 윌리엄 무가야 《비즈니스 블록체인》, 한빛미디어

고객에게 차량을 빌려주는 걸 고민하거나 요금을 달리 책정하는 게 가능해진다.

정책 실행 과정으로 활용할 때, 민관 협치 거버넌스(정책 결정에서 정부 주도의 통제에서 벗어나 다양한 이해당사자가 주체적인 행위자로 협의와 합의 과정을 거쳐 정책을 결정하고 집행해 나가는 사회적 통치시스템)* 기술로 활용할 때, 기업의 비즈니스로 활용할 때도 블록체인 기술은 무궁무진하게 쓰일 수 있다.

정보가 필요한 이용자의 신원정보, 평판 정보, 계약 이행 등의 이력 정보가 충실하면 이른 시간 안에 거래를 시작할 수 있다. 정보를 제공하는 공공기관 역시 정책 기회 창출이 가능하다. 빈집 비율, 주차장 정보, 빌딩 공실 정보, 상품 정보, 거래 이력 정보, 에너지 정보 등을 디지털화하면 정보 활용은 무궁무진해진다.

예를 들어 아파트 관리비 정보를 이용하면 에너지 절감 아파트 만들기 활동이 가능하다. 심심치 않게 들려오는 동대표의 아파트 관리비 횡령도 원칙적으로 불가능해진다.** 주차장 정보를 이용하면 주차공간을 공유해 수수료를 정확히 정산받으며 새로운 비즈니스를 창출할 수 있다.

---

* Pierre & Peters 〈Governance Working Group〉
** 아파트 관리신문 〈아파트 관리비 등 횡령한 경리, 징역 1년 실형〉 https://goo.gl/RqHJoE

IT 기술과 아무런 상관없는 숟가락 회사 이야기 몇 토막. 1960년 경동산업이란 이름으로 출발한 회사가 있다. 주요 수출품은 숟가락과 포크였다. 프레스와 연마기 같은 기계에 안전장치를 갖춰놓지 못한 열악한 환경 탓에 하루 1만 개가 넘는 숟가락을 만들어내던 직원들의 손가락이 수시로 잘려 박노해 시인의 '손 무덤'이란 시의 소재가 되기도 했던 회사다.

장시간 저임금으로 촉발된 노사 갈등은 분신자살로 극단화됐다. 경영진의 실패한 문어발식 투자 경영전략과 재무관리 부재로 결국 2004년 법정관리 퇴출 명령을 받는다.

파산 당시 빚이 1천억 원이던 이 회사를 퇴직금 한 푼 받지 못한 직원들이 인수하기로 한다. 체불임금, 위로금 등 76억 원을 모아 다시 회사를 세운다. 사훈을 '공동소유, 공동책임, 공동분배'로 걸었다.

직원이 주인인 기업으로 탈바꿈한 뒤 연 매출 700억대의 회사로 거듭난 이 조직은 해마다 주식 배당금 10%를 사회에 환원했다.[*] 현재 2017년 고객이 신뢰하는 주방용품 부문 만족지수 6년 연속 1위를 수상하고 있는 키친아트 이야기다.

분권화 측면에서 일본 기업은 한국보다 선진국이다. 일본은 태평양 전쟁에서 패한 뒤 5년 동안 족벌체제를 분리했다. '과도경제력 집중배제

---

[*] 정혁준 《키친아트 이야기》, 청림출판

법'에 따라 미쓰이 물산은 223개, 미쓰비시 중공업은 139개, 일본제철은 2개, 미쓰비시 중공업은 3개로 쪼개졌다. 이후 일본은 권력이 해체된 곳에서 경영수업을 쌓아왔던 직원들이 경영을 맡고 기업을 키웠다.

2006년에 닛케이 225에 포함된 기업에서 퇴임 사장과 후임 사장 출신 461명을 분석했는데 퇴임 사장의 경우에는 종업원 출신이 374명, 후임 사장은 401명이었다. 평사원으로 입사한 뒤 승진해 허수아비 사장이 아닌 실질적인 책임을 지는 사장까지 되니 일본 기업을 '종업원 주권'이나 '종업원 운명 공동체'라고 평가하는 데 딴죽 걸 일은 없다.*

블록체인 기술을 잘 몰랐거나 IT 분야에 지식이 해박하지 않아도 좋다. 함께 만들고, 함께 책임지고, 함께 나누자는 정신으로 경영에 임한다면 블록체인 경영은 성큼 다가온 미래다.

---

* 박성빈 《일본연구논총: 정부 정책-가치관의 변화와 일본적 고용시스템의 변화》

# 블록체인 매니지먼트의
# 마법

지금으로부터 채 20년도 되지 않은 1999년 노스이스턴대학 기숙사. 숀 패닝Shaw Panning은 '사람들이 음악 파일을 인터넷으로 서로 교환할 수 있다면 어떤 일이 생길까?' 하고 궁금해했다.

패닝은 P2P(Peer to Peer, 개인 대 개인 교환) 방식의 음악 교환 프로그램을 하나 만들어 웹에 올린다.* 분권화 전략으로 일컬어진 냅스터는 이렇게 출발해 한 세기의 음반 산업을 5년 만에 발칵 뒤집어 놓았다.

숀 패닝이 이 싸움을 앞장서 이끈 건 아니다. 실제 전투를 치른 건 음악 파일을 각자의 이익에 맞춰 주고받은 10대와 대학생, 젊은 직장인들

---

* 위키백과 냅스터 https://ko.wikipedia.org/wiki/%EB%83%85%EC%8A%A4%ED%84%B0

이었다. 그들은 냅스터의 기능과 철학에 열광하며 중개기관의 통제 없이 자신이 가지고 있는 것을 아낌없이 상대에게 나눠주고 상대가 가지고 있는 것을 환호하며 받았다. 각자가 음악의 공급자이자 소비자였다. 권력을 나누는 데 기술을 활용한 시초였다.

P2P 작동방식*

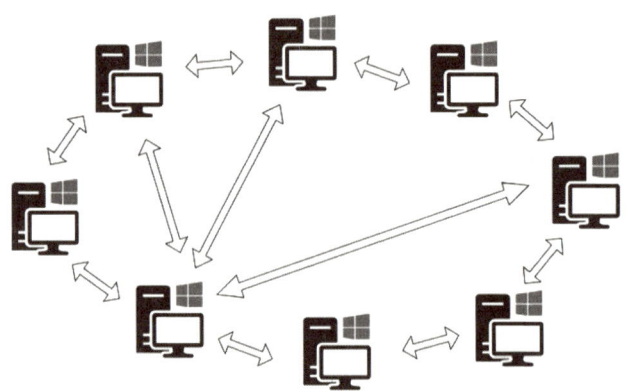

21세기 부의 크기는 데이터의 크기에 비례한다. 부를 거머쥔 신흥 기업들과 경영자를 보라. 마이크로소프트의 빌 게이츠, 오라클의 래리 엘리슨, 아마존의 제프 베저스, 구글의 래리 페이지나 에릭 슈밋, 다음을

---

* Digital Citizen 〈Simple questions: What is P2P(peer-to-peer) and why is it useful?〉 https://goo.gl/wAvC7N

통합한 카카오, 알리바바로 중국 전자상거래를 움켜쥔 마윈. 페이스북의 마크 저커버그. 얼마나 많은 데이터를 모으고 가공하느냐가 가치 창출의 열쇠다.

신흥 기업들은 기존의 어떤 산업 섹터보다 조직을 더 분권화해 가고 있다. 직원 각자의 권한을 강화하고 이를 디지털로 보완하는 방법을 활용하고 있다. 앞으로 10년을 지배할 키워드는 경영 외적인 환경이냐, 내적인 환경이냐에 상관없이 '분권화_decentralization'다.

디지털 기술을 적극적으로 활용하는 건 IT 업계에만 국한된 이야기가 아니다. 디지털 기술을 활용해 수익, 생산성, 성과 등을 높이는 건 모든 조직에서 가능하다. IT 업계가 아닌 경제의 90%는 비 IT 기업이 차지하지만, 디지털을 적극적으로 활용하는 기업은 동종업계 경쟁기업보다 이익이 26% 높으며 기존 생산능력으로도 9% 더 높은 매출을 올리고 있다.*

비법이 따로 있는 게 아니다. 구글의 인재들을 스카우트하라는 게 아니다. 올바른 철학, 끈기, 리더십, 실행이야말로 진짜 핵심요소다. 현재 블록체인을 적용하지 않았는데도 이 정도 격차가 벌어지고 있는데 신뢰를 높일 수 있는 블록체인이 도입된다면 어떻게 될까?

---

\* 조지 웨스터먼, 디디에 보네, 앤드루 맥아피 저 《디지털 트렌스포메이션》 e비즈북스

### 아파치의 위력

21세기 조직 경쟁력은 단연 분권화에 있다. 고객은 똑똑해지고 그들의 접점에서 가장 많은 정보가 생긴다. 수직 구조 조직은 파악도 결정도 대처도 늦을 수밖에 없다.

분권화 조직에서는 확실한 리더도, 위계체계도, 중앙본부도 없다. 훨씬 더 취약해 보이지 않을까 우려할 수 있는데, 범죄 뉴스를 보면 기우임을 눈치챌 수 있다.

경찰이 범죄조직을 소탕할 때 '점조직으로 형성돼 진짜 보스를 잡기 어렵다'라고 하소연하는 걸 심심치 않게 듣는다. 그렇다면 왜 경찰은 점조직으로 구성해 쫓아다니면 안 되는가? 왜 말도 안 되는 상부의 허가를 기다리고 비효율적인 조직 탓하며 자조적으로 비웃고 있는가?

분권화 조직을 말할 때 이 사례 역시 빼놓을 수 없다. 1680년대까지 거대한 군사력으로 아메리카 대륙을 정복한 스페인을 건드릴 나라는 없었다. 딱 한 나라, 아니 한 부족만 빼고. 그 부족의 이름은 '아파치'였다.

아파치족은 스페인이 무너뜨렸던 잉카제국이나 아스테카 제국과는 달리 단 하나의 건설물도, 도시도, 무기도 만든 적이 없는 부족이었다. 아파치는 2세기 동안이나 스페인과 싸워 이겼다. 아파치족이 이길 수 있었던 건 그 부족의 조직 분권화 덕분이었다.*

---

* 오리 브라프먼 《불가사리와 거미 The Starfish and the Spider》, 리더스북

미국 원주민 인디언 모습*

아파치는 지금 기업으로 치면 책임지는 CEO, 즉 추장이 없다. 추장이 없는데 구성원은 어떻게 누구 말을 믿고 따르나. 바로 '난탄Nant'an'이라는 영적, 문화적 지도자가 결정하는 걸 참고한다.

신뢰가 쌓인 난탄이 앞장서 싸우면 그에 동조하는 사람은 자발적으로 싸운다. 동조하지 않는 사람은 싸우지 않는다. 아파치족 언어에 '당신은 무엇 무엇을 해야 한다'라는 말 자체가 없다. '강제'라는 말이 없다는

---

* Western, Native American & Mountain Man Art by John Peterson https://goo.gl/AsUuwc

뜻은 모든 행동과 참여가 자발적이라는 의미다. 이는 각개 전투로 그 자리에서 결정할 때 중요한 요소가 된다. 중요한 결정을 내리는 사람이 한 명도 없을 수 있는 동시에 현장의 모든 사람이 중요한 결정을 내릴 수 있다는 뜻이다.

적군 처지에서 보자. 상대편 조직을 장악하는 제일 쉬운 방법은 적장을 잡는 거다. 책임, 판단, 권한이 모인 곳이니 그곳만 제압하면 나머지는 오합지졸이 된다.

반지 원정대가 샤우론 하나만 주야장천 때려잡으러 가는 이유고, 영화 〈범죄와의 전쟁: 나쁜 놈들 전성시대〉에서 검사 조범석이 부패한 세관 공무원이었던 최익현을 닦달해서 끝까지 보스 최형배만 노린 것도 같은 이유다.

그런데 상대편 졸개인 줄 알았던 이가 각자의 판단 아래 조직을 이끌고 있다면? 그 조직은 한 명의 리더가 사라졌다는 이유만으로 없어질 수 있을까? 아파치가 무서웠던 건 이런 이유였다.

블록체인이 강력한 이유는 상대편 관점에서 장악해야 할 중앙권력이 존재하지 않는다는 거다.

# 6

# 블록체인을 어떻게 경영 현장에 접목할까?

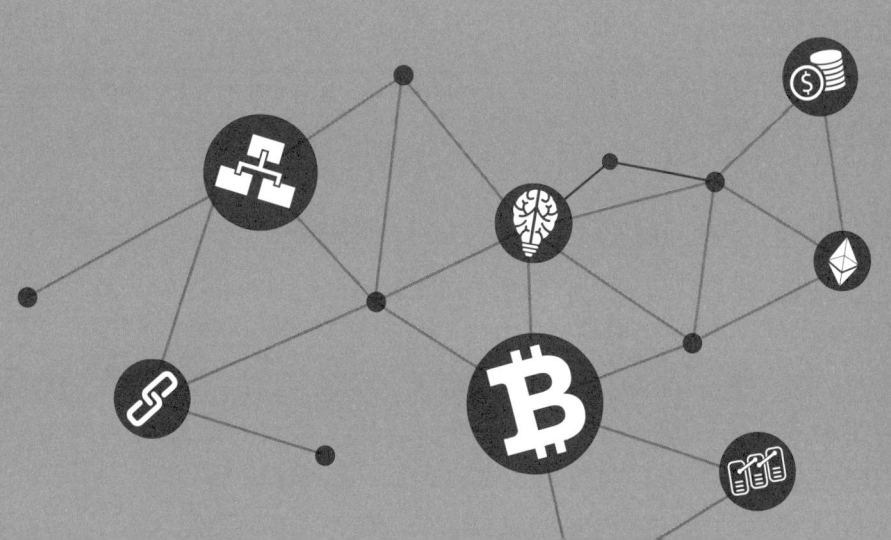

조직을 만들고, 운영하고, 마무리할 때 블록체인 기술이 어떻게 적용될 수 있는지 눈여겨볼 차례다. 많은 조직의 구조적인 문제인 인간의 도구화, 통제에 따른 비자율성, 리더 만능주의의 한계, 수직 구조화에 따른 병폐들은 어떻게 해소될까?

# 조직을 만들 때 1
## : 자금을 획기적으로 조달할 수 있다

1992년, 미국의 조지 허버트 대통령을 이긴 빌 클린턴 유세팀의 선거 구호는 사람 마음을 파고들었다.

"문제는 경제야. 이 바보야!"
(It's the economy, stupid)

아이디어가 있는 사람, 기술이 있는 사람, 자신만의 서비스로 세상을 놀래게 하고 싶은 사람들이 가진 건 창의성, 기술, 열정 등 무형의 재산이다. 이들이 초반에 가지지 못한 건 자금이다. 어디 가나 '돈'이 문제다. 재료를 사야 하고, 컴퓨터를 업그레이드해야 하고, 점심을 먹어야 한다.

일이 많아지면서 함께할 사람을 뽑아야 하고 마케팅을 해야 한다.

만약 전 세계 투자자에게 십시일반으로 자금을 조달받고 그들을 주주로 참여시키며, 그들의 욕구에 따라 서비스를 반영해 즉각 제공할 수 있다면 비즈니스는 어떻게 확장할 수 있을까?
새로운 기업을 만들거나 내부에서 조직을 만들 때 블록체인은 상당히 유용하다. 모두가 위변조할 수 없고, 변동사항을 함께 업데이트할 수 있는 스마트 컨트랙트(계약)를 활용한다면 중간 매개체의 중재 없이도 신뢰도를 올릴 수 있다.

비트코인으로 유명해진 블록체인 기술은 이미 암호화폐라는 분야를 뛰어넘어 수많은 분야에 적용될 가능성을 보인다. 투자와 크라우드 펀딩 분야도 이에 해당한다. 우리나라에서는 아직 사례가 많지 않지만, 아예 외부에서 새로운 기업을 만들 때 사용하는 ICO$^{\text{Initial Coin Offering}}$ 방법은 많은 조직이 주목하는 기법이다.

ICO를 쉽게 표현하자면 블록체인 기반의 프로젝트를 시작할 때 투자금을 모집하는 방법이다. 일반 벤처투자같이 회사 지분을 판매하는 게 아니라, 이 프로젝트가 발행하는 암호화폐(토큰)를 얼리어답터와 초기 지지자들한테 판매하고 투자자들은 이 프로젝트의 '주주'가 된다.
ICO는 IPO 또는 크라우드 펀딩과 유사하다. IPO와 비슷한 점은 특정 프로젝트의 일부를 판매하면서 투자를 유치하고, 현재의 리스크를 투자자가 고려하는 대신, 투자자들에게 미래의 성공을(또는 실패) 담보한다는 것이다. 하지만 전문 투자자가 아닌, 열정과 관심을 두는 프로젝트에 투자하는 얼리어답터들의 지지를 받는다는 점에서는 오히려 크라우드 펀딩과 유사하다(단, 킥스타터 같은 중개인이 없다는 점이 다르다).

경영진과 관계가 없는 일반인은 일반 스타트업에는 투자할 수 없다. 그러나 ICO를 진행하면 똑같은 정보를 창업자가 공유한다는 가정하에 투자를 쉽게 진행할 수 있다. ICO를 투자의 민주화로 칭하는 사람도 있다.*

ICO라는 말이 좀 낯설지만, 실은 우리에게 익숙해진 암호화폐 이더리움은 역사상 가장 성공적인 ICO다. 20대부터 천재 공학자 소리를 들어온 비탈릭 부테린이 만든 이더리움은 시작부터 극적이었다.

비탈릭 자신도 이더리움이라는 블록체인 기반의 프로젝트를 시작하기 위해, 이 프로젝트가 발행하는 암호화폐인 이더를 투자자에게 판매했다.

이더리움의 가치를 알아본 이들은 전 세계에서 약 200억 원 이상의 투자금을 지원하고 프로젝트는 성공적으로 런칭한다. 이후 전 세계로 유통돼 상품가치를 인정받은 이더리움을 통해 다시 블록체인 신생 기업

---

* 스텔라 재단 창업자 조이스 김의 인터뷰 https://goo.gl/UcrTMB

들이 모집한 돈은 30억 달러(2017년 기준)에 이르렀다.* 원화로 환산하면 약 3조 3,000억 원이 넘는 금액이다.

블룸버그에서 2017 올해의 가장 영향력 있는 50인을 뽑는데 소프트뱅크의 손정의, 아마존의 제프 베저스, 캘리포니아의 제리 브라운 주지사, 테슬라의 일론 머스크 등과 함께 비탈릭이 선정된 건 그리 놀랄 만한 일이 아니다.

현재 이 책을 쓰는 시점에서 ICO는 대한민국에서는 법으로 허용되지 않는다. 암호화폐를 화폐로 인정하지 않기 때문이다. 수많은 세계의 스타트업이나 고객의 DB를 가지고 있는 IT 기업들이 ICO를 추진했고 추진하고 있다.

카톡의 경쟁 메신저인 텔레그램은 전 세계 10억 인구가 쓰는 암호화 메신저다. 텔레그램도 자체 블록체인 플랫폼과 암호화폐를 만들 계획이다. 텔레그램이 플랫폼과 암호화폐를 만드는 개발 비용을 ICO로, 2018년 3월에 최대 5억 달러(약 5,300억 원)를 조달할 계획이라고 한다.**

코인 관련 전문매체 코인데스크가 자체 자료와 블록체인 조사기관 스미스앤드크라운의 자료를 분석한 결과, 2017년 들어 7월 초까지 블록

---

\* https://www.bloomberg.com/features/2017-bloomberg-50/#vitalik-buterin
\*\* 연합뉴스 '메신저서 가상화폐 거래? 텔레그램, 블록체인 플랫폼 만든다' https://goo.gl/zeKPxQ

체인 기업이 ICO를 통해 조달한 자금은 3억 2,700만 달러에 달했다. 같은 기간에 벤처캐피털을 통해 조달한 자금(2억 9,500만 달러)보다 3,000만 달러 이상 많았다.

블룸버그에 따르면 30일 스마트폰 메신저 애플리케이션 개발업체인 캐나다 'KIK' 사는 가상화폐 'KIN'을 ICO 시장에 올려 1억 2,500만 달러를 조달할 계획이다.

국가 차원에서는 동유럽 국가 에스토니아가 가상통화 '에스트코인'을 ICO로 판매해 자금 조달을 추진할 예정이다.* 스위스는 아예 ICO에 관한 법률 구조를 마련해 놓고 입주기업에 세제 혜택과 행정지원을 지원하며 세계의 블록체인 스타트업을 모으고 있다.**

암호화폐의 법적 성격을 어떻게 규정하느냐에 따라 향후 정책이 달라질 수 있으므로 나쁜 투자자나 사기 모집자를 걸러내야 하는 교육, 시스템, 법 제도가 선행돼야 한다.

투자자로서는 여느 투자상품과 마찬가지로 신규 프로젝트의 위험 부담이 있다. 사업자가 처음 제시한 프로젝트 로드맵을 자금 조달 후 추진하지 않더라도 사업자에게 책임을 물을 방법이 쉽지 않다. 투자를 안내

---

* 매경 《가상화폐로 자금 모으는 ICO 급성장》 https://goo.gl/k5AqZV
** 매경 프리미엄 《블록체인이 미래다》 https://goo.gl/4RdH92

하는 백서<sup>white paper</sup>가 기술적인 부분이 많아 이해도 쉽지 않고 특정 유명인을 홍보 미끼로 쓸 수도 있다.

그러나 혁신적인 도구라면 문제점을 보완하면서 발전시키면 된다. 최근에 나온 DAICO 모델이 좋은 사례다. DAO(Decentralized Autonomous Organization, 분산자율기구)와 ICO의 합성어로 두 모델을 병합해 위험성을 최소화하는 모델이다. '탭'이라는 메커니즘으로 투자자가 사업자의 자금 흐름을 투표로 통제해 사업을 현명하게 진행하도록 의결하는 장치다.[*]

세상의 기술들이 투명성을 향해 진행되고 있는데 한국 스타트업 기업만 조성된 생태계의 혜택을 받지 못한다면 중소기업 활성화 정책 취지가 무색해진다.

일본은 몇 년 전까지만 해도 일본 재무부 장관이 나서서 "가상통화는 화폐가 아니다"라고 단언했다. 그랬던 일본이 작년에 암호화폐 사용자를 보호하기 위한 암호화폐 거래 인가제를 포함한 '개정자금 결제법'을 국회에서 통과시킨 후 2017년 5월부터 암호화폐를 결제통화로 인정했다.

---

[*] Explanation of DAICOs  https://ethresear.ch/t/explanation-of-daicos/465

일본은 지금 암호화폐에서 가장 앞서서 달리는 나라다.* 전 세계의 흐름이라 결국 ICO에 관해서는 한국도 투자 활성화를 위해 네거티브 규제로 바뀌리라 예상해 본다.

경영진을 구성할 때는 어떨까? 기업을 만들 때 지배구조를 민주적으로 만드는 것을 두고 어떤 사람은 기업이 무슨 애들 장난이냐고, 오늘같이 경쟁이 치열한 전쟁 같은 시대에 허구한 날 모든 사람이 모여 회의하며 일을 결정한다면 어떻게 전쟁을 치르겠냐고 펄쩍 뛸 수도 있다. 일리는 있는 말이다. 그러나 이는 하나만 주장하고 둘은 숨기는 행위다.

고대 그리스 도시국가들에서 시민은 전쟁 때 따르고 복종할 장군을 스스로 선출했을 뿐 아니라 전쟁터에서 병사들에게 심각한 손실을 입히면 자리에서 물러나게 했다.**

아테네 장군 투키디데스는 펠로폰네소스 전쟁에 장군 자격으로 참전했으나 자신이 지휘하던 부대가 인접 부대의 구조요청에 즉각 응하지 않아 심한 손상을 입은 것 때문에 탄핵당해 국외로 추방됐다. 자유로운 선출 구조로 하나의 목표를 달성하기 위해 리더를 섬기지만, 동시에 어쩔 수 없이 복종하는 노예가 아니라 자유로운 참정권을 가진 시민이기에 가능한 일이다.

---

* MK The Biz Time 《암호화폐 지갑 하나로 부동산, 해외여행. 다양한 활용 주목해야》 https://goo.gl/4hTu78
** 김상봉 《기업은 누구의 것인가》, 꾸리에

루이 14세*는 프랑스 역사상 가장 강력했던 왕권을 자랑한 왕이었다. 그의 "짐이 곧 국가니라"라는 말은 법이고 진리였다. 지금 누가 그렇게 말한다면 허풍쟁이에 미쳤다고 생각하겠지만, 그 시대는 왕이 국가의 주인임을 아무도 의심치 않았다. 지금으로부터 불과 300년 전 프랑스의 모습이자 지금도 일부분은 살아있는, 조만간 증발해 버릴 우리 모습이기도 하다.

---

* 루이 14세(Louis XIV Roi de France et de Navarre 1638~1715)

# 조직을 만들 때 2
## : 내부에서 TFT를 만들 때 스마트 컨트랙트를 작성하라

"좋아. 한 번 접목해 봅시다. 그런데 우리 기업이 한 번에 다 바꿔보기는 시간도, 비용도 만만치 않으니 일단 프로젝트팀을 만들어서 시범 삼아 해보는 건 어떨까요?"

스타트업이 아닌 내부에서 TFT Task Force Team (회사에서 중요한 일이나 새로운 프로젝트를 추진할 때 각 부서 및 해당 부서에서 선발된 인재들이 임시 팀을 만들어 활동하는 것)를 만들어 구성할 때도 블록체인 기술은 유용하다.

프로젝트를 성공적으로 진행하려면 사람, 자리, 업무를 적절히 배분했는지 약속된 기한 안에 결과물의 완성도를 충족시키는지가 매우 중

## 스마트 컨트랙트

블록체인에 코드로 작성된 옵션 계약을 한다.

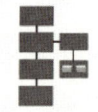
계약은 퍼블릭 블록체인의 일부가 된다.

계약에 관련된 참가자들은 익명으로 취급된다.

처음에 명시한 조건이 일치될 때 계약이 자동 실행된다.

규제기관(규제자)은 블록체인을 활용해 계약을 감시한다.

요하다. 이 모든 것을 블록체인 기반의 스마트 컨트랙트(계약)로 합의하고 시작할 수 있다. 이후 TFT의 결과, 기한, 품질 등 책임 소재가 명확해지고 초반에 내부 또는 외부 고객과의 품질 타당성 검사 시 초기에 합의했던 문구의 위변조가 불가능하므로 분쟁의 소지를 줄일 수 있다.
앞에 다뤘던 마이크로소프트의 스마트 컨트랙트 사례가 이에 속한다.

이미 안정적으로 사업하는 모기업 브랜드를 바탕으로 사업을 진행하기에 신규 ICO를 한다거나 자사가 출품할 서비스를 블록체인 거래로 외부 고객들에게 IPO 할 때도 높은 신용도를 바탕으로 쉽게 접근할 수 있다.

모 제철회사에서 신규 제품 개발 TFT를 시작한다고 가정해 보자. 신규 합금철을 만드는 프로젝트라면 블록체인 기술을 바탕으로 기존 고객이나 예상 고객에게 투자제안을 한다. 건설사든, 조선사든, 자동차 제조사든 철강을 쓰는 고객사는 최종 판매가보다 저렴하게 생산물을 나눠 가지는 프로젝트에 높은 신뢰를 형성하며 참여할 수 있다.

고객사로서는 프로젝트팀을 보유한 모기업에 신뢰가 있어 투자가 부담스럽지 않다. 프로젝트를 함께 시작하면서부터 좋은 품질이 개발되면 자기 기업에도 유리하므로 기술개발과 마케팅 측면에서 고객의 태도를 넘어 적극적인 피드백과 도움을 주게 된다. 사업성이 있다고 판단하는 어떤 제품이나 서비스도 상관없다. 단순히 파트너십에서 이익공유자를 만들고 출발할 수 있다.

# 조직을 만들 때 3
## : 채용이 100배 정확해지고 간편해진다

급하게 인력 보충이 필요한 L 서비스 회사 마케팅 부서 사무실 풍경.

"우리 회사에 들어오겠다고 서류 통과한 이 사람 말이야. 자기소개서에 올린 내용, 이거 자기 이야기 맞는 거야? 요즘 자소서가 자기 소설서라며? 원… 올린 것만 보면 못하는 게 없구먼. 실제로도 그런지 알 수가 있어야지? 면접 시간은 짧고, 위에서는 급하게 결정하라고 하고. 그렇다고 미적거리자니 우리 팀원들도 허덕거리고"

일을 처음 시작하거나 진행하면서 많은 사람이 들어오고 또 나간다. 들어온 사람이 관련 업무를 잘할 수 있으리란 근거는 개별적으로 자료를 찾거나 전화로 확인해왔다. 이마저도 이전 직장이 폐업했거나, 그 전

회사 상사와 관계만 신경 쓴 경력자의 경우라면 진위파악이 쉽지 않다.

직장을 구하는 사람에게도 마찬가지다. 구직 확률을 높이기 위해서 수많은 구직 사이트에 매번 다른 이름으로 들어가 비슷한 포맷임에도 일일이 다른 요청에 맞춰서 양식을 바꿔야 한다. '나는 잘 준비되어 있고, 실적도 이만하면 괜찮은데 왜 이렇게 번거롭게 매번 조금씩 다르게 올려야 하는 거지?'라고 생각할 수 있다.

이전 직장에서 만든 프로젝트나 링크드 인에 있는 기록들을 블록체인화한다면 별도로 확인하거나 새로 옮긴 쪽 조직의 서버에 다 저장할 필요가 없다.

관리자로서는 저장·관리비용이 상당히 줄어든다. 전직, 이직하더라도 정보를 요청할 필요가 없다. 자격증의 유효성이라든가 최신 프로젝트 정보들이 계속 업데이트된다. 함께 일했던 모든 조직과 인터넷에 저장돼 있기 때문이다.

블록체인의 핵심인 암호화는 중복, 사기 항목 등을 방지하므로 레코드 관리에 대단히 유용하다. 인사 계약을 할 때 블록체인을 사규와 계약서에 함께 적용하면 계약 분쟁이 발생할 때 사태를 파악하고 조정하는 역할이 무척 쉬워진다. 당사자 간 근로 계약을 블록체인에 명시하면 위변조할 수 없어지며 분쟁 소지가 줄어든다.

전문가를 찾아야 하는 인력시장 헤드헌터들에게도 마찬가지다.

"아니, 그 B 교수님. 외국의 ○○ 대학교 박사 출신이라고 기껏 소개해 놓았더니 위조된 문서라면서요?"

"말도 마세요. 저는 어떻고요. K 스타 강사님. 논문 표절 있었잖아요? 인기 많아서 어렵게 섭외해서 고가에 진행했더니 중간에 소개한 저는 웬 망신입니까?"

한국은 학력 인플레이션이 심한 나라다. 무슨 박사, 석사라고 하면 일단 '저 사람이 설마 거짓말하겠어?'라며 쉽게 믿어버린다. 열심히 공부하는 이들도 있지만, 몸값을 부풀리는 도구로도 쉽게 활용된다.*

책을 쓰는 저자 시장도 마찬가지라 대필이나 짜깁기의 유혹에 쉽게 넘어가는 가짜 지식인들이 적지 않다. 《당신들은 늘 착각 속에 산다》의 저자 유정식 님의 한탄을 들어보자.**

"누군가 내 글을 훔쳐 본인의 책에 그대로 담았다. 아니, 내 시간의 일부를 그가 빼앗았다. 그의 책으로 유괴당한 내 문장들을 발견했을 때 복잡한 감정들이 천둥처럼 내 가슴을 때려댔다. (중략) 베낀 컨텐츠에 아무 생각 없이 '좋아요'와 칭찬 댓글을 날리며 값싸게 남의 컨텐츠를 소

.................................
\* 교수·목사·스타 강사까지… 표절(剽竊)로 출세하는 나라 https://goo.gl/wbkFav

\*\* 유정식 님의 페북 포스팅. https://goo.gl/aPcZns

## HR, 인사채용의 변화*

**구직 시장에서 정보 확인 시
현재 채용 방법 vs 블록체인 기술 활용**

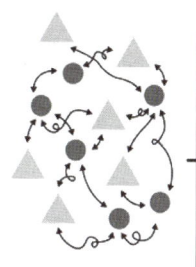

**검증 가능한 내역들**

범죄 사실 조회
주민등록번호
성범죄 기록 조회
지역 범죄 기록 조회
연방 범죄 기록 조회
운전 면허 기록 조회
고용주 신용 기록
교육 이수 확인
고용 증명
미디어 및 시민 기록 검색
분야별 전문 자격 확인

고용주나 헤드헌터는
각각의 채용을 위한 정보들을
직접 개별로 체크해야 함.

후보자는 자신의 경력을
블록체인 기술을 활용해
프로필을 통합 관리하고
쉽게 접근하게 함.

느리고, 손이 많이 가며,
비용이 많이 듦

빠르고, 자동화되며,
비용이 절감됨

---

* Blockchain for HR and Recruitment Is More Than Just Hype https://goo.gl/9YrbEB

비하는 소비자의 행위도 창작자의 열의를 꺾어 놓는다는 점, 그리고 결국 '값싼 컨텐츠'만 남게 되어 그 피해는 고스란히 자신들에게 전해진다는 점을 조금이라도 알았으면 좋겠다."

헤드헌팅을 통해 전문가를 찾을 때 블록체인은 상벌, 학력, 논문 등의 위변조 기록이 영구히 남게 돼 신용 추적이나 채용 판단에 큰 도움을 준다. 당연히 짜깁기 등으로 콘텐츠를 생성해 냈던 이들의 시장도 축소된다. 코닥이 사진작가들의 초상권 관리 차원에서 블록체인 시장에 뛰어든 것도 같은 맥락이다.*

시장 자체의 변화도 예견해 볼 수 있다. 현재는 DB에 저장된 이력에 접근하려면 구인 서비스에 비용을 주지만, 이 DB가 신뢰성이 높은지는 아무도 검증하지 못한다.

블록체인으로 채용환경이 구축되면 고용주가 이력서를 받거나 연락할 수 있는 권리에 대해 구직자에게 직접 비용을 지급할 수 있게 된다.

구직자는 신상기록 위변조에 책임을 지고 정확히 기록하며, 고용인은 중개자를 빼고 더 낮은 비용으로 맞춤형 인재를 찾을 수 있다.**

---

\* 미국 카메라, 필름업체 코닥도 암호화폐 시장에 뛰어든다. https://goo.gl/mSNKiV

\*\* Blockchain for HR and Recruitment Is More Than Just Hype https://goo.gl/9YrbEB

# 조직을 운영할 때 1
## : 아이디어와 콘텐츠가 봇물을 이룬다

콘텐츠는 어떻게 블록체인으로 정산되고 보호받을 수 있을까? 한국인이 좋아하는 시사교양 프로그램 중에 '썰전'이 있다.* 작가와 PD가 함께 프로그램을 만든다. 한 번 방송으로 끝났던 과거와는 달리 요즘에는 몇 번이고 재방이 가능하다.

IPTV 중 'SK Btv'에서 썰전을 다시 보기 서비스로 방송했다고 가정해보자. Btv는 썰전의 다시 보기 횟수만큼 썰전 제작진에게 비용을 정산한다. 이번 달이 지나자 2,500번이 방송되었다고 썰전 측에 통보하고

---

* 한국갤럽 Gallup Report '요즘 가장 좋아하는 TV 프로그램은?' 2017/12/21

250만 원을 입금했다. 그런데 진짜 2,500번 방송됐을까? 알 수가 없다. 방송 횟수나 정산 시스템은 Btv에만 있다. 잘 알아서 해주겠지 하지만 찝찝함은 어쩔 수 없다

블록체인으로 정산한다면 어떤 일이 생길까? 예를 들어 경쟁사인 L 모 IPTV 사에서 블록체인을 활용해 '스트리밍 횟수 및 정산 시스템'을 구축했다고 쳐보자.

이제부터 L 회사에서 방영된 스트리밍 횟수는 다수의 시청자에게 동시에 기록되고 누구나 접근과 조회가 가능하다.

정산된 비용은 조회 수에 맞춰 나온다. 썰전을 만든 작가와 PD는 어느 시스템이 더 투명하다고 느끼고 선호하게 될까? 자기 아이디어와 콘텐츠가 조직에서 보호받는다고 느끼면 창작 욕구는 커진다.

경영 두뇌들이 모여 있기로 유명한 매킨지는 가장 오래되지도 크지도 않은 회사지만, 최정예의 리더들을 키워내는 걸 가장 중요한 특징으로 여긴다. 경영 컨설턴트로 유명한 톰 피터스Tom Peters도 IBM을 살린 루 거스너Lou Gerstner도 매킨지 출신이다.

매킨지 출신은 매킨지에서 근무하든 떠나든 들어올 때보다 나은 사람이 되어 떠나지 못하면 발전이 아니라고 생각한다.* 발전하려면 그 사

---

* 구본형 《사람에게서 구하라》, 을유문화사

람의 아이디어나 의견을 적극적으로 반영해 정책이나 콘텐츠로 만들어야 한다. 이것이 힘이다.

동기부여가 떨어지는 주요한 상황 중 하나는 자신이 한 일을 다른 부서나 상사가 가로채 포장했을 때다. 더 나은 조직의 일원이 되고자 할 리 만무하다.

블록체인은 아이디어나 지식 저작물을 보호해 준다. 새로운 아이디어를 제안했을 때 조직의 생산성을 높이는 아이디어는 아이디어를 낸 사람이 원조였다는 '스마트 자산'으로 기록된다.

도둑맞을 걱정이 사라지므로 창의성과 자발성이 높아진다. 로열티를 인정받기가 쉬워진다. 내가 만든 콘텐츠가 우리 콘텐츠로 활용될 가능성은 커진다.

조금만 확장해 보면 파트너십이 빈번한 기업 교육의 경우에도 마찬가지다. 디지털 콘텐츠는 만들어도 복제가 쉽고 자신이 만들었다는 가치를 인정받기가 어렵다. 얼마나 유통되는지도 알 수 없고 실제 계약한 이후에 받는 보상도 단가가 맞는지 확인할 수가 없다. 콘텐츠를 보호받지 못한다면 지속해서 다른 이들에게 공급하기 어렵다.

온라인 교육업체에서는 열심히 팔고 있다는데 콘텐츠를 제공한 강사는 매달 들어오는 돈이 어떤 매출로 얼마나 팔려서 정산되는지 매번 확인하기도 불편하다. 이걸 블록체인으로 활용하면 콘텐츠를 만든 사람은 자기 컴퓨터에 원본을 보유하고 필요한 사용자에게 정보 등록, 사용현황, 비용관리 계약을 맺으면 된다.* 유통횟수도, 거래도 투명하게 정산되므로 콘텐츠를 만드는 사람에게는 큰 동기부여가 된다.**

직원으로 근무를 하든 아니든 비즈니스가 성사되면 기여분을 인정할 수 있게 계약하는 방법도 고려할 만하다. 직원이라면 퇴직 뒤라도 자신이 제안한 프로젝트가 잘돼야 이익이라는 걸 알고는 외부에서 열성적인 제3의 팬이 될 수도 있다.

---

\* 디지털 타임즈 '기업 직무 교육과 블록체인 활용법' https://goo.gl/AWDN5d
\*\* 국내에서 지식재산권 거래를 지원하는 플랫폼(NPER)을 개발 중인 업체가 실제로 있다.

# 조직을 운영할 때 2
## : 투명도를 높여 불미스러운 사고가 사라진다

흔히 발생할 수 있는 불법 계약 상황.

"자, 아직 부지 선정이 완료가 안 됐는데, 어디로 결정하면 좋을까? C 중계대행사 대표님. 대표님께서 내놓은 토지매매 최종 가격이 어떻게 되나요?"

"헤헤… 조합장님, 실거래가는 33억인데요."

"하하, 인데요라니요? 뭐 하실 말씀이라도?"

"조합장님. 다 아시면서 왜 그러십니까? 이번 기회에 한몫 챙겨야지요?"

"흠, 흠. 거 남사스럽게시리. 뭐 어쩌자고요?"

"도장은 조합장님이 가지고 계시지 않습니까? 같이 실사해서 최종 경쟁력은 저희한테 있다고 하시고, 40억짜리 계약서 작성해 드릴 테니까 눈 딱 한 번 감고 도장 한 번 찍어주시죠. 나머지는 저희가 알아서 해 드리겠습니다."

"허, 이 사람이… 33억 짜리라며 40억에 흠흠…"

"아시면서 왜 그러십니까? 나머지 차액 7억은 조합장님이 챙기셔야죠. 이번 부지 선정하시면서 얼마나 고생이 많으셨습니까? 헤헤."

"흠, 흠. 그건 그렇죠. 이거 알아보러 다니느라 제가 대표로 얼마나 발품을 팔았는지. 허, 오늘따라 목이 컬컬하네?"

"헤헤, 저희가 뒷일은 알아서 배탈 나지 않는 방법으로 다 챙겨 놓겠습니다. 저희 오늘 기분 좋게 맥주나 한잔하시죠? 네?"

"허, 이거 무슨 말씀을. 왠지 우리 앞으로 해야 할 일이 많을 것 같은데. 양주 한 잔씩 해야 하지 않겠습니까?"

"아무렴요. 여부가 있겠습니까? 오늘 진하게 모시겠습니다요."

그리고 흔히 볼 수 있는 기사 한 토막. "2017년 7월 진해경찰서는 계약 금액을 부풀리는 이면계약 수법으로 조합 공동자금 6억 8,500만 원을 횡령한 혐의로 창원 모 회사의 전 직장주택 조합장인 A(53) 씨를 구속했다. A 씨는 지난 2011년 5월 직장주택 조합장을 맡으면서 중개대행사를 통해 아파트 부지 매매 계약을 33억 3,000만 원에 체결해놓고 40억 원 상당의 이면계약을 체결 후 같은 해 8월부터 12월까지 중개대행사로부터 차액 6억 8,500만 원을 되돌려 받은 혐의를 받고 있다."*

  조직 내 많은 불미스러운 사건이 이중 계약, 이면계약에서 발생한다. 외부 고객과 90억짜리 계약으로 합의해 놓고 담당자와 짜고 100억짜리 공사라며 비용을 10억 과다 청구하고 뒷돈을 받는다든지, 외국에 나가서 자원을 개발한다면서 실제 페이퍼컴퍼니와만 계약해 놓고 매년 발생하는 막대한 유지비용을 손실처리 해놓고선 이해 관계자끼리 외국 회사를 부도내 버린다든지 하는 사례가 부지기수다.

  블록체인 기술은 외부에서 제삼자와 계약을 땄을 때도 이면계약으로 부당이익을 취하려는 것을 원천적으로 방지할 수 있을뿐더러 조직의 다양한 이해당사자들이 모두 정보에 접근할 수 있으니 사전에 위험을 없앨 수 있다. 물론 이면계약을 사랑한 분들에게는 재앙이 되겠지만.

---

* 경남신문 '이면계약으로 조합자금 횡령, 전 직장주택조합장 구속', https://goo.gl/UL9JLb

# 조직을 운영할 때 3
## : 고객 DB를 블록체인화해 타 비즈니스와 연계한다

"부장님. 아마존에서 연락이 왔는데 우리 회사가 온라인에 올리는 상품이 한국 로컬 시장에 잘 맞는대요. 오늘 바로 아마존에서 관심 있는 고객 DB를 빅데이터로 찾아서 연결해 줄 테니까 아마존과 우리 사이트 함께 비즈니스 해서 일어나는 수익을 반반으로 나누자는 메일이 왔어요"

"뭐? 황 대리? 그거 우리한테야 없던 기회인데 땡큐지. 그런데 그쪽 입장에서는 DB를 우리한테 공유해 줘도 되는 거야?"

"부장님, 촌스럽게 왜 그러세요? 누가 요즘 DB를 실제 보이게 줘요? 암호화해서 메일리스트로 보내준다고요. 우리가 메일링 리스트에 추가해서 사용하면 자동으로 암호 풀리면서 아마존이 고객들에게 간다고

요. 그쪽에서는 우리가 실제로 몇 번이나 얼마나 자주 프로모션 했는지 자동 체킹이 되니까 정상적으로 영업했다는 거 알 수 있죠"

"아, 그래? 세상 정말 좋아졌군. 열심히만 하면 되는 거네?"

"우리도 우리 고객들 DB를 그렇게 블록체인으로 연결해서 아마존에 주면 아마존도 똑같이 활용해요. 우리 입장에서도 아마존이 얼마나 열심히 자기 고객들에게 보내는지 기록이 남고요. 서로 신뢰할 수 있는 데이터들이 쌓이니까요. 우리가 기존에 다른 기업하고 했던 프로모션 기록을 봤나 봐요. 작년 추석에 김 MD가 여행 상품 잘 만들어서 수익률 대박 쳤잖아요!"

"아니, 그걸 아마존이 어떻게 알아?"

"부장님, 왜 그러세요? 연간 회계 실적처럼, 프로모션 실제 실적, 수익 난 것도 다 처음부터 위변조 불가능하게 기록해서 우리 회사에 올려놓을 수 있어요. 다른 회사들이 우리 회사 영업 실적 참고하라고요. 개인이 자기 실적 온라인 구직 사이트에 올려놓는 것처럼 회사도 자기 실적 계속 업데이트해 놓으면 관심 있는 쪽에서 참고해서 이렇게 연락이 온다고요."

"아… 황 대리. 몰랐네. 세상 정말 달라지고 있구나"

조만간 닥쳐올 미래이고, 충분히 예상 가능한 시나리오다. 블록체인으로 신뢰가 확보된 조직에는 즉시 서비스를 제공할 수 있게 된다. 서비스 연결 속도가 기존과는 비교가 되지 않게 빨라진다. 홈쇼핑, 전자상거래 아이디 통합 정도로만 상상력을 제한하지 말자.

어떤 사람의 신원파악이 정말로 중요한 일이라면? 5~6시간을 기다려야 통과되는 미국의 공항 보안 검색대에서 입국에 필요한 DB를 블록체인화하면 간단한 본인 인증만으로도 통과할 수 있다. 대여섯 시간이 50분 이내로 줄어드는 꿈 같은 일이 펼쳐진다. 미국은 전 세계에서 두 번째로 많은 관광객이 방문하는 나라다. 관광객과 비즈니스 입국자 8천만 명의 시간을 단축해 남는 시간에 쇼핑이나 비즈니스를 하게 해주는 건 미국의 관광산업에 엄청난 상승효과다.

잠깐만. 신원파악 비즈니스는 미국 공항에서만이 아니라, 컨벤션이나 보안 업계, 중요한 행사를 매년 매회 진행하는 모든 업종에서 중요한 일이다.

# 조직을 운영할 때 4
## : 어떤 외부 비즈니스와도 결합할 수 있다

코카콜라와 페이스북의 공통점은? 점유율에 민감한 기업이다. 코카콜라는 탄산음료 시장에서 부동의 1위지만 아직도 점유율에서는 멀었다며 악착같이 프로모션 한다.

페이스북은 사람들이 안부를 묻는 정도에서 머물기를 바라지 않는다. 무슨 생각을 하냐고 집요하게 물으며 자기 담벼락에 세상만사 모든 소식을 공유하기를 원한다.

자기든 남이든 담벼락에서 놀면 놀수록, 어떤 콘텐츠에 좋아요를 누르는지, 어디를 방문하는지의 데이터는 축적되고 이는 다시 페이스북의 마케팅 자료로 활용된다.

제2의 페이스북(A라고 하자)이 나오지 말라는 법은 없다.

페이스북에 이미 올려놓은 과거가 아까워서 어떻게 그렇게 하냐고? 간단하다. 제2의 페이스북을 꿈꾸는 A 기업이 페이스북의 사용자 콘텐츠나 자료를 간단하게 이쪽으로 넘어올 수 있게 구현해 놓는다.

페이스북에서 받은 백업이나 사용자 계정의 정보 접근 권한을 활용해 이사비용을 줄이면 된다. 지금도 안드로이드 휴대폰을 쓰던 사람이 기종을 애플로 바꿀 때 주소록, 문자, 그림 등을 한 번에 손쉽게 이동해 줄 방법을 애플은 친절하게 설명해 준다.

넘어오는 거로 끝나면 안 된다. 이전 서비스처럼 사용자가 활동해야 한다. 왜 페이스북이 아닌 다른 곳에서 놀아야 하는지 명확한 이유를 줘야 한다. 사용자가 머물며 글을 쓰고 활동하는 만큼을 정확하게 사용자 수익으로 배분해서 토큰을 발행한다.

페이스북에서 몇 년간 글 쓰고 놀아봐야 페이스북은 이런 데이터를 모아서 빅데이터 기반의 사업을 만들 뿐이다. 그러나 A 기업은 글을 올리고 의사 표현에 대답하고 반응하는 만큼 시간과 활동량을 측정했다. 1시간 정도 쓴 양질의 글 하나를 올리니 몇몇 지인의 반응을 측정해 5천 토큰이 나온다(이 온라인 서비스 플랫폼에서 5천 토큰은 현실 세계에서 5천 원 정도라고 해두자).

이제 5천 토큰으로 A 기업에서 제공하는 어떤 서비스를 이용할 수 있는지를 본다. 마침 겨울이라 온열 방석을 판다. 그런데 디자인이 마음에 안 든다. 할 수 없이 A 기업이 판매하는 도서를 검색해 본다. 내가 찾는 게 없다. 상관없다.

A 기업과 블록체인으로 연결된 전자상거래 사이트 미국의 이베이, 중국의 알리바바, 인도의 플립카트*에서는 찾는 책이 있다.

5천 토큰을 확인해 보니 알리바바, 플립카트에서 살 수 있다. 알리바바는 A 기업을 통해 넘어온 고객이 그만큼 가치가 있는지 또는 로열티가 있는 결제를 진행할지 확인할 필요가 없다. 이미 블록체인으로 협약된 검증된 고객임을 믿기 때문이다.

나는 알리바바와 플립카트를 확인해 보고 좀 더 저렴한 플립카트에서 책을 주문하고 A 기업의 서비스로 돌아온다. 아직 플립카트에서 오래 머물러 봤자 나한테 돌아오는 게 없다.

소셜 서비스에 머무는 시간과 활동들은 블록체인으로 정확히 기록, 정산돼 보상되므로 서비스를 이용하려는 욕구는 지속한다. 블록체인은 이처럼 사업적으로 여러 이해 관계자가 공유하고 기록하기 위한 모든 종류의 디지털 작업에 적합하다.

위 내용은 스팀steem이라는 블록체인 기반의 블로그 플랫폼 서비스를 더 확장해서 가정해 본 내용이다. 스팀은 좋은 글을 쓰고 추천을 받아도, 또 좋은 글을 읽었다고 추천을 해도 자사의 암호화폐를 주는 시스템을 실험하고 있다. 사용자들이 더 좋은 글을 쓰도록 유도하고, 블록체

---

* 2007년 창설한 전자상거래 사이트. 천만 명의 고객과 일평균 방문자 백만 명의 인도판 아마존으로 불림

인 기술 기반으로 서비스가 중지돼도 사용자들이 데이터를 잃어버리지 않는 강점이 있어 이미 공룡 IT 기업들이 장악한 소셜 미디어 플랫폼 서비스 시장에서 50만 명 이상의 가입자를 확보하고 있다.*

---

* ZDnet Korea '블록체인엔 이미 제2의 페북이 자라고 있다' https://goo.gl/Bz7RtN

# 조직을 운영할 때 5
## : 임원이나 팀장을 뽑고, 권한을 위임할 때 갈등이 사라진다

경영학계에서 주주가치를 설파하며 매년 생산성 지표에서 하위 10% 종업원을 해고하고, 업계 1위를 차지하지 못한 사업부를 매각해 '중성자탄 잭, 전기톱'이라는 별명을 얻었던 GE의 CEO 잭 웰치는 2009년 3월 11일 〈파이낸셜 타임스〉에 반성문을 싣는다.

"주주가치는 세상에서 가장 바보 같은 아이디어다. 주주가치 극대화는 그 자체로 전략이 될 수 없으며 좋은 전략의 결과일 뿐이다. 주주가치보다는 당신의 직원, 고객, 제품에 신경을 써라"*

------

\* 김병도 《경영학 두뇌》, 해냄

미국에서 시작된 금융위기를 계기로 대중의 시각이 경영 철학과 기업의 사회적 책임으로 이동하는 시점에서 그 역시 자신이 과거에 앞장서 주장했던 경영 철학을 버리고 미래 기업이 취해야 할 모습을 제시했다.

직원에게 신경을 쓴다는 건 인사제도를 투명하게 만드는 것에서부터 출발한다. 어떤 선출 과정도 공정해야 한다. 투명한 선거제도는 노사 갈등의 요소를 크게 줄일 수 있다. 노조 대표를 뽑는 자리든, 임원을 선출하는 자리든 참가자의 신원을 투명하게 하고 투표가 조작과 위변조를 걱정하지 않고 치러지면 결과를 신뢰할 수 있으며 관리비용도 획기적으로 줄어든다.

새로운 직책을 맡을 때 윤리적인 사안에 엄중한 책임을 물을 수 있는 계약을 실제 회계 데이터와 연결할 수 있다. 리더의 영향력은 강력히 확보된다.

역할이 바뀔 때도 마찬가지다. 1980년대 자동차 회사 GM은 저마다 단일 작업만 책임지고 서열체계가 엄격했다. 생산된 자동차들은 기계적 결함이 있고 품질은 좋지 않았다. 반면 도요타는 직원들이 한 팀의 구성원으로 인정받으며 무언가를 제안하라고 끊임없이 권유받았다.

품질경쟁에서 도요타에 두 손을 든 GM은 한 가지 실험을 한다. 캘리포니아주에 있는 프레몬트 공장 경영을 토요타에 맡기기로 한 것. 당시 프레몬트는 GM에서 생산성이 가장 낮은 조립 공장이었다. 결근율은 평균 20%였고 품질은 제일 형편없었으며 노사 간의 관계는 살벌해서 경영진이 권총을 가지고 다닐 정도였다.

도요타는 GM의 제안을 받아들이고 공장 이름을 NUMMI<sup>New United Motors Manufacturing Inc</sup>로 바꾼 뒤 분권 조직을 도입했다. 바뀐 구성원에게 스스로 결정하거나 아이디어에 참여할 권한을 주었다. 3년 만에 NUMMI는 GM의 다른 공장과 비교해 60% 이상 생산성을 높이며 GM에서 가장 효율적인 조직이 된다.\*

기적 같은 변화가 믿기지 않던 GM의 공장 생산관리자 제이미 레스코는 이 결과에 의문을 품고 조립 라인 노동자로 위장 취업해 일부러 1인 파업을 벌이거나 결근, 지각 등으로 안전수칙을 계속 어겨본다. 놀랍게도 관리자들 질책은 없이 같이 일하는 동료들이 주의를 준다.

분권화의 대표적인 모습이자 리더 만능주의의 한계를 극복한 표본으로 회자하는 이야기다. 제이미의 태만은 리더에게는 단기적으로 눈에 띄지 않을 수 있지만, 동료의 눈을 속이기란 불가능하다.

권한을 주고 실제 시행한 것을 DB화해놓는 작업이 블록체인이라고 봐도 무방하다. 누가 들어오든 정보에 동등하게 접근할 수 있다. 각자가 제안한 내용이나 아이디어가 현장에 반영된다. 누가 성과를 냈는지가

---

\* 브라이언 M 카니, 아이작 게츠 《자유주식회사: 사람을 기꺼이 움직이게 하는 시스템의 힘》, 자음과 모음

명확한 시스템이다.

  일이 끝나는 시점의 평가도 마찬가지다. 다면 평가 피드백이 누적, 기록되고 위변조가 불가능해지므로 누구에게 권한을 주는 게 팀에 가장 이로운지를 조직원 스스로 판단한다. 프로젝트나 팀 리더 자리도 자연스럽게 해결된다. 리더십을 더 잘 발휘한 사람에게 급여를 더 주는 사안들도 잡음 없이 정리된다.

# 조직을 운영할 때 6
## : 물품 오남용이나 도난 사고가 사라진다

베를린의 스타트업 마모루가 착안한 자전거 공유 비즈니스를 떠올려 보자. 중요한 시사점을 하나 더 발견할 수 있다. 독일 하면 근면, 정직, 성실이라는 키워드가 먼저 떠오르지만, 그곳 역시 사람이 산다는 사실. 절도 등의 범죄가 독일이라고 예외는 아니다.

불성실한 사람은 어느 곳에서도 불성실하다. 서울에서 도벽이 있는 사람은 파리에서도 물건 훔치고 싶기 마련이다. 오사카의 사기꾼이 서울 와서 정직하게 살라는 교육을 받아봐야 별 소용없다. 사람은 잘 바뀌지 않는다.

인권 침해나 수만 명에게 피해를 주는 극악 범죄는 확실히 법이 엄격한 나라에서 드물게 일어난다. 국민이 상대적으로 더 착해서가 아니다.

환경, 즉 시스템이 더 잘 갖춰져 있기 때문이다.

옷 매장에서 훔치고 싶은 욕구가 불끈 생겨도 CCTV가 사방에 깔렸거나 매의 눈으로 지켜보는 종업원이 많으면 잡범 대다수는 범행을 포기한다.

마모루의 비즈니스도 마찬가지다. 자전거를 빌린 후 큰돈도 아니라는 마음에 요금을 내지 않거나, 자물쇠가 안 채워진 자전거를 훔쳐가고 싶지만, IoT와 결합한 블록체인 기술은 누가 자전거를 빌렸고, 자전거가 지금 어디 있는지 다 알 수 있다. 범죄율은 낮아진다.

투명한 기술은 범죄율과는 상극이다. 기업 운영에서도 이 도식은 통한다. 내 물건이 아니니까 막 쓰자는 풍토가 줄어든다. 비싼 사내 비품일 경우에 물건이 도난당하는 일도, 소프트웨어가 어디에 오남용됐는지도 추적이 가능하다.

블록체인은 감사audit가 가능한 DB로 암호화된다. 물품이 적법하고 적합하게 운용되며 경비는 절감된다. 동선, 출장 이력, 경비 내용, 보고서 등 중요 사항이 모두의 DB에 들어간다. 특정 사람들만 접근하거나 수정, 삭제할 수 없고 인턴부터 임원까지 구성원 모두가 서로의 것을 볼 수 있다.

투명한 경영자, 투명한 조직원이라면 두려울 게 없다. 회사의 신뢰 경영, 투명 경영이 말이 아니라 기술로 실현된다.

"이번에 회삿돈으로 산 2천만 원짜리 홀로그램 프로젝터가 월요일에 고객 발표에 써야 하는데 램프가 꽤 닳아있는 거야. 주말에 어디 있었나 보니까 M 과장님께서 중학교 동창 친구들끼리 간 야유회에 8시 2분부터 13시 2분까지 5시간 동안 계속 작동시키셨더라고. 위치는 청계산의 유명한 B 캠핑장이었네"

"작년에 북한 해킹 방어용으로 산 C사의 8억짜리 백도어 감시 소프트웨어 있잖아? 소프트웨어 유지 권한 경고 알람이 떠서 보니깐 지난 3개월 동안 우리 조직하고 아무 상관도 없는 무슨 연대, 무슨 연합 이런 곳 사무실에서 로그인해서 계속 돌리고 있던데? 이거 우리 팀 말고 다른 팀들이나 감사팀들도 다 접속해서 알람 받았을 텐데…. 저래도 될까?"

블록체인으로 추적돼 두어 번 이런 뉴스 나오면 몰래 저지르던 부끄러운 일들은 획기적으로 줄어든다.

# 조직을 운영할 때 7
## : 비용에서부터 성과급까지 회계 관리가 투명해진다

창립 52주년을 맞은 미라이 공업은 전국에 30개 공장과 영업소를 가진 전기설비 제조업체다. 대단한 기술도 없고 성과급 영업에 몰방하는 조직도 아니다. 그런데도 연 매출은 한화로 2,500억 원, 경상이익률 15%를 올리며 세계적인 경쟁 브랜드 마쓰시타 전공을 이긴다. 미라이 공업의 창업자인 야마다 아키오의 생각은 이렇다.

'어느 조직이고 우수한 20%와 덜 우수한 80%의 사람이 있다. 그렇다고 80%의 덜 우수한 사람을 쓸모없다 여길 수 있는가?'

그는 경영자부터 원가절감, 절약을 실천해 그 돈을 직원복지에 써 마음을 얻고 마음을 얻은 직원들의 혁신적인 아이디어를 실행해 이윤을 만들어내는 걸 원칙으로 삼았다.

"전기요금을 낭비하면서 사원을 치사하게 정리해고하기보다는, 전기요금을 치사하게 아끼면서 정리해고를 안 하는 쪽이 좋지 않겠는가?"*라는 그의 말은 미라이 공업의 철학을 잘 반영한다.

직원들 역시 '이런 회사는 절대로 망해서는 안 된다'라는 애사심으로 똘똘 뭉쳐 1천 명 중 이직률은 연 1% 미만을 유지하고 있다.

야마다 사장의《좋은 회사를 만드는 25가지 체크 포인트》** 에는 '공사를 혼동하지 마라', '사원들에게 회계를 공개하라' 같은 그의 경험이 생생히 살아있다.

"대부분 사장은 회삿돈으로 고급 승용차를 사고, 가족과 놀러 갈 때도 그 차를 사용한다. 그러면 사원은 '난 박봉을 받으면서도 내 돈으로 차를 샀는데, 사장은 가장 비싼 월급을 받으면서도 사치스럽게 회삿돈으로 가장 비싼 차를 사고, 그것을 개인적으로 이용하는구나'라고 생각한다. 이게 바로 공사 혼동이다.

공사 혼동이 심한 경영자는 말할 것도 없이 변변치 못한 사람이다. 사장 자신이 공사를 구분하지 못하는데 직원들에게만 공사 구분을 강요

---
\* 나무위키: 미라이공업 MIRAI INDUSTRY CO., LTD  https://goo.gl/j5QmD1

\*\* 야마다 아키오《야마다 사장, 샐러리맨의 천국을 만들다》, 21세기북스

한다면 설득력은 당연히 떨어진다.

또 회사의 회계내용을 비밀로 하는 건 의미가 없다. '공개해 봤자 사원들은 이해하지 못한다'라고 말하는 경영자도 있는데, 황당한 변명일 뿐이다.

미라이로 이직한 한 과장은 자신이 이전 직장에서는 과장에게도 회계내용을 보여주지 않았는데 미라이 공업에서는 사원에게까지도 회계정보를 공개하다니 정말 감동했다고 한다. 투명성이 높아지면 직원들은 회사를 대하는 신뢰도가 높아질 수밖에 없다"

미라이의 경영방침에는 블록체인 기술이 아니어도 블록체인의 철학이 고스란히 녹아 있다. 만일 블록체인 기술이 비용관리 시스템에 결합하면 어떤 일이 생길까?

각 부문의 영업사원들은 전산 시스템에서 영업 활동에 투입된 비용을 상세하게 조회할 수 있다. 블록체인은 합의된 팀, 조직 내에서 모두가 비용을 언제 얼마나 썼는지를 기록, 보관하고 업데이트, 공유할 수 있다. 위변조 역시 어려워 준법, 불법 사례들이 드러난다.

동기부여 차원에서 블록체인을 성과 제도에 활용하려면 심리를 잘 이해하고 조심스럽게 진행해야 한다. 성과급을 개인 기여도로만 인정해 지급한다면 일부 똑똑한 사람들에게는 동기부여가 될 수 있겠지만, 전체적으로는 상대적인 박탈감이 만연해져 마이너스가 된다.

성과급은 일정 부분 마약과 같다. 순간은 강렬하지만, 시효가 지나면 더 큰 갈증으로 돌아온다. 어느 순간까지는 효과가 있지만, 임계점이 존재한다.

부작용도 만만치 않다. 지식 근로자에게 금전적 보상은 지위의 표현이기도 하다. 정서적 공정함, 공평의 메커니즘이 작동한다. 지난달에 성과급으로 100만 원을 받았는데 이번 달에 130만 원을 받았다. 기뻐하려는 순간 옆에서 나보다 일도 열심히 하지 않은 것 같은 동료가 150만 원 받은 걸 알아챈다. 30만 원 올랐다는 기쁨보다 '내가 뭐가 부족해서 20만 원을 쟤보다 덜 받았어야 해?'라며 상처를 받는다.

성과급은 전체 노동생산성에서뿐만 아니라 특히 중하위 직급을 대상으로 하는 제품 혁신에서도 부정적인 영향을 미친다.* 조직 구성원의 재량권이나 자율성이 확보되지 않은 상태에서 성과급 도입은 마냥 긍정적인 측면을 기대하기엔 무리가 있다.

과도한 임원 임금도 조직원들을 패배자로 인식시킨다. 성과보다 중요한 건 일하는 동안 외부 변화에 충격을 받지 않게 해주는 노동안정성과 전체적인 복지 향상이다.

성장했으면 총 프로젝트를 맡은 리더(더 많이 고생했으니 당연히 더 받아야 한다고 모두가 인정하는 그 프로젝트의 리더)를 제외하고는 성과급은 가능

---

* 안선민, 이희원 《성과급이 구성원의 혁신활동에 미치는 영향에 대한 연구》, 서울대 행정대학원

한 한 똑같이 준다. 그리고 나머지 이익은 전체가 같이 누릴 수 있는 복지 혜택에 할애한다.

   조직을 처음 만들 때 약속한 바가 자동으로 진행될 수 있도록 블록체인으로 계약한다. 동등한 자격과 기회를 부여받으며 성과창출에 이바지한다고 느끼는 조직원이 이전보다 훨씬 많아진다.

   팀을 구성할 때 모두가 합의하는 계약은 조직의 수직 구조를 막아준다. 라인을 탈 필요도, 특정인의 눈치를 볼 필요도 없다. 한편, 리더는 합의로 임명되거나 해임되므로 불필요한 갈등을 상당 부분 해소할 수 있다. 실적이 날수록 함께 누릴 혜택은 많아진다. 기여가 명확해져 옆 부서와의 협조 문턱도 낮아진다.

# 조직을 마무리할 때
## : 이전 DB로부터 현재 조직 신뢰도가 커진다

퇴사할 때 직원들은 자기 정보가 혹시 오남용되지는 않을지 걱정한다. 인터넷 쇼핑몰도 회원이 탈퇴하면 더는 정보를 활용하지 못하고 폐기해야 한다. 앞으로 여기 소속이 아닌데, 왜 이 조직이 내 정보를 계속 가지고 있어야 하는가?

의료 정보에 블록체인을 활용하려는 시도가 있다. IBM과 FDA(미국 식품의약품안전청)는 블록체인 기반의 네트워크로 환자 정보를 공유하는 시스템 개발을 시작했다.[*] 기존 병원이나 의료기관에 묶여만 있는 의료

---

[*] 조선비즈 '미 IT 공룡들, 블록체인으로 헬스케어 사업혁신 나선다' https://goo.gl/Hw7WJe

정보를 빅데이터, 사물인터넷 기술과 접목해 검사 집단의 데이터를 낮은 비용으로 얻고 새로운 치료제를 찾는 데 쓰겠다는 목표다.

프라이버시는 철저히 보호된다. 40대 중반의 홍길동 씨가 있다 치자. 홍 씨의 혈당, 혈압, 시력, 체중 등 각종 신체 정보는 공유되지만, 그게 홍 씨 것이라는 건 모르게 한다. 우리가 상대방 이메일 주소는 알 수 있지만, 그 사람 메일함에 무엇이 있는지는 본인만 인증받아 들어갈 수 있는 것처럼 말이다.

블록체인은 현존했던 어떤 DB 관리보다 더 완벽한 프라이버시를 보장한다. 원치 않는 시점에서 자기 정보를 통제할 수 있다는 뜻이다.

개인정보 보호법이 인사 서류에 적용되면 내 정보가 설령 거기에 있고 퇴사했더라도 정보를 열어볼 수 없게 할 수 있다.

프로젝트를 했던 레퍼런스를 열람하거나 자료 접근이 필요하면 퇴사자에게 정당한 프로세스를 요청해서 필요한 DB까지만 열람을 요청하면 된다.

신뢰를 쌓으면 떠난 사람은 떠난 사람으로 끝이 아니다. 컨설팅업체 워크플레이스트렌드닷컴과 크로노스 인력 연구소는 2015년 7월에 1,807명의 인사부문 종사자, 관리자, 직원들을 대상으로 '부메랑 직원과 그들이 과거에 떠났던 조직(Boomerang Employees and the Organizations They Once Left)'이라는 조사를 통해 다음과 같은 결과를 도출했다.*

　조직 문화를 알던 사람이 떠났다가 돌아올 때는 회사 문화에 대한 친숙성, 이미 검증된 능력, 재학습 비용 감소, 함께 가지고 오는 가치 있는 정보, 다른 조직원에게 회사의 긍정적인 문화 인지시켜 주기 등의 효과가 있다. 떠난 사람이 박씨를 물고 오는 제비 같은 역할을 해낼 확률이 높아진다.

　조직이 유연해지면서 떠난 이들은 언제라도 프로젝트 개념으로 합류할 수 있으며, 외부의 또 다른 위치에서 기존 회사에 입소문(마케팅), 기술개발(아이디어 제공), 교류 협력 등의 영향력을 발휘할 수 있다.

　발 빠른 기업들은 퇴사한 이들과 교류하기 위해 졸업생 전략(학교, 동문의 개념으로 계속 인맥을 맺고 IT 기술을 활용해 교류를 취하는 방법)을 쓰기 시작했다.

　이메일, 카톡 등으로 연락한다고 신뢰가 쌓이는 건 아니다. 몸담았던 조직이 개인을 존중하고 신뢰가 쌓였다는 경험이 중요하다. 블록체인 경영으로 관리한 DB 자료는 조직에 기술적 안정감을 주기에 충분한 인프라다.

---

\* CIO 《퇴사 직원을 다시 채용하기, 말이 되는 3가지 이유》 http://www.ciokorea.com/news/26754

# 블록체인 매니지먼트를 위한 과제들

제트 프로펄션 랩*의 설립자 시어도어 폰 카르만은 "과학은 있는 것을 공부하는 것이고, 엔지니어링은 없던 것을 창조해 내는 것"이라고 엔지니어링의 중요함을 갈파했다. 필자는 거기에 한 문장을 추가하고 싶다. "매니지먼트는 창조해 낸 걸 제대로 응용하는 것"이라고.

인터넷이 처음 나왔을 때, 광고를 보면 돈을 준다고 하면서 폭발적인 인기를 얻었던 골드뱅크가 있었다. 이름에 골드와 뱅크가 들어가니까 지방에서 종잣돈 있는 할머니가 이유도 없이 본사를 찾아와 돈 보따

---

* 나사(NASA, 미국 항공 우주국)의 우주 테크놀로지 개발하는 독립협력 업체 중 가장 유명한 곳

리를 주고 갔다는 일화도 있다. 주당 800원이던 주식은 3만 700원까지 60배가 치솟았다.*

사이트에 접속해 광고를 클릭하게 하는 비즈니스 모델인데 속도가 느린 인터넷 환경으로 수익이 나지 않아 사업은 현실감을 잃었다. 주가 상승과 달리 실적이 뒷받침되지 못해 주가는 결국 2000년 말 다시 900원까지 추락한다.

실제 효과가 없으면 이름만 그럴듯한 시도는 용두사미, 허언무실로 끝난다.

분권화라는 인간 존중의 정신을 기술로 실현하려는 블록체인 매니지먼트는 아직 유아기에 있으며 많은 이들은 여전히 인간의 자율성과 창의성을 의심하고 있다. 야근 오래 하는 순서로 근무 평점을 잘 주겠다는 임원이 대기업에 여전히 존재하고 있는 게 현실이다. 맙소사! 21세기를 지나 20년 가까이 지난 세상에서 말이다.

블록체인 매니지먼트는 경영을 둘러싼 환경 문제를 해결할 때 빛을 볼 수 있다.

자기 조직원들에게 '블록체인'이 무엇인지 물어보자. 대부분 '무슨 레고 종류인가요?' '체인이라니. 쇠사슬이란 뜻이잖아요? 으스스한데요?'

---

* 경향비즈 '원조 벤처 '골드뱅크' 초라한 퇴장' https://goo.gl/JQLzg2

정도의 반응이다. 퍼블릭 워크숍에서 만난 한 은행 간부도 비슷한 반응이었다. 처음 들어본다는 거다.

  이 책이 나와서 읽히는 순간에도 명확하게 개념을 이해하는 사람은 많지 않을 터다. 지금 바깥에서 제일 잘 팔리는 석사과정은 MBA다. 기존 매니지먼트 관련 학문도 다뤄야 할 파생 분야가 적지 않은데 블록체인을 합한 매니지먼트라니.

  중간관리자라면 넘어야 할 장애물이 기다리고 있다. 윗선인 CEO나 임원에게 이 기술을 이해시켜야 한다. 모든 기술이 초창기 시점에서 맞닥뜨리는 현상이다.

  변화나 혁신관리 측면에서 접근하면 대부분 나오는 말은 뻔하다. "그래? 좋은 거 같은데 다른 기업들 사례를 가져와 봐" 남이 성공해야 자신도 고려해 보겠다는 벤치마킹 전략이다.

  벤치마킹 전략의 단점은 세상을 앞서지 못한다는 데 있다. 무엇이 표준이 될지 모르기에 계속 기다리다가 만년 2~3등을 해야 한다.

  헨리 포드가 차를 만들 때 했던 말이 있다. "기존에 말만 타고 다녔던 이들이 생각해 내는 혁신이란 기껏해야 더 좋은 편자를 만드는 것뿐이지" 차량이라는 새로운 이동수단이 출현한 상황에서 더 나은 편자를 만드는 벤치마킹 전략은 의미 없다.

  세상을 선도하는 기업은 표준을 따라가지 않고 만들었다. 무형에서 유형의 가치를 만들어 나가는 게 진정한 비전가이고 사업가임을 명심하자.

기술적인 문제도 존재한다. 현재 블록체인 관련해 등장하는 인프라는 암호화폐거나 외국의 ICO 사례 정도다. 지금 시작하는 기업은 어떤 인프라가 깔렸는지를 고민하는 단계가 아니고 인프라를 만드는 단계라는 걸 인지해야 한다.

2~3년 안에 인프라가 생겨날 것이고 그 위에 수많은 서비스가 나올 것이다. 블록체인은 단 하나의 서비스 모델이 아니다. WWW 같은 인프라다.

기존 혁신 과정을 봤을 때 블록체인을 대하는 이들이 밟을 단계도 명확하다. 인프라를 만들 것이냐, 2등 주자로 서비스라도 얹을 것이냐, 아니면 무엇이 왔는지도 모르고 대비하지 않다가 남들이 실력을 갖췄을 때 당황하느냐.

블록체인 개발자는 아직 부족하다. 기존의 ERP나 각종 IT 경영 도구를 블록체인 매니지먼트 스타일로 바꾸거나 접목해야 한다. 외부 서비스를 이용하거나 내부 개발자를 통해서 추진하는 방법이 있다. 어떤 식이든 개발자가 필요하고 개발자와 경영자의 철학도 맞아야 한다. 표준이 정립되지 못했고, 킬러 서비스 등이 없다는 점도 기술적으로 해결해야 할 초창기 문제다.

경영의 주체인 기업과 조직은 사회의 단독 개체가 아니다. 외적인 환경으로 눈을 돌려 보면 법체계, 사람들 인식, 기존 관념과의 충돌, 정보를 독점하고 싶은 기득권 세력의 반발 등이 산재해 있다.

  다만, 사람들 인식이 바뀌어 블록체인 기술이 신뢰를 쌓는 데 필수불가결이라는 개념이 자리 잡히면 크리티컬 매스(혁신이 지속하고 가속하는 사용자 수) 시점이 온다.

  카카오톡이 어떻게 국민 앱으로 자리 잡았는지를 되짚어보자. 몇 개의 앱 중 베타테스터를 돌려 사용자들의 반응을 보았다. 서비스가 편하다고 생각한 사용자들이 다른 사람을 추천해서 이용자 수가 늘고, 불편한 점들이 올라오면 즉각적으로 개선하면서 시장 반응을 봤다. 반응이 폭발적이자 인력과 에너지를 집중하기 시작했다. 초창기에는 입소문이나 올바른 정보 전달이 무엇보다도 중요하다.

  암호화폐와 블록체인을 무리하게 떼어서 추진하는 국가 정책은 갈등을 피할 수 없다. 국가 차원에서 블록체인 매니지먼트를 시설관리에서, 행정, 기록물 보존, 예산 운용 등에 먼저 시범을 보이면 어떨까?

  투명성이 높아질수록 국가 경쟁력은 올라가고 국민은 세금이 제대로 쓰이는 데 만족하며 운용을 투명하게 감시하고, 탈세나 불법을 줄이는 막대한 효과를 발휘할 수 있다. 기어 1단을 넣고 출발해야 하는데 중립으로 놓으면 차는 가지도 않고 요란한 소리만 낼 뿐이다. 후진 기어는 재앙이다. 지금 한국에서 필요한 블록체인 기어는 후진도, 중립도 아닌 1단이다.

# 블록체인 매니지먼트를 위한 체크리스트

아래 질문에 대해서 현 상태가 어느 정도의 수준인지를 확인해 보자.

① 매우 아니다.
② 아니다.
③ 그저 그렇다.
④ 그렇다.
⑤ 매우 그렇다.

| | 질문 항목 | 점 수 |
|---|---|---|
| 1 | 블록체인 매니지먼트와 관련해 활용할 수 있는 인상적인 사례들을 알고 있는가? | ① ② ③ ④ ⑤ |
| 2 | 당신과 당신 경영자는 블록체인 매니지먼트 도입을 위한 강력하고 열정적인 리더십을 제공하고 있는가? | ① ② ③ ④ ⑤ |
| 3 | 우리 조직은 블록체인 매니지먼트에 근거해서 의사결정을 하고, 그것을 바탕으로 새로운 조직구조와 서비스를 만들어 내는 것에 동의하는가? | ① ② ③ ④ ⑤ |
| 4 | 필요한 분석과 개발을 담당할 IT기술자와 철학과 전파를 위한 교육자(퍼실리테이터, 코치)를 보유하고 있는가? | ① ② ③ ④ ⑤ |
| 5 | 향후 블록체인 매니지먼트를 위한 일련 목표를 세웠는가? | ① ② ③ ④ ⑤ |
| 6 | 업 전체에 걸쳐 블록체인 프로젝트를 편성하기 시작했는가? | ① ② ③ ④ ⑤ |
| 7 | 블록체인 매니지먼트를 시스템과 절차 안에 넣기 시작했는가? | ① ② ③ ④ ⑤ |
| | Total (합산 점수) | |

**31~35점 이하**
향후 2~3년 내 블록체인 매니지먼트와 관련해서 시장을 리드하고 소기의 성과를 달성할 가능성이 매우 크다. 귀하와 귀하의 조직에 건승을 응원한다.

**23~30점 이하**
블록체인 매니지먼트로 비전을 공유하고 조직 운영을 시작할 기반이 높게 갖춰져 있다. 새로운 조직구조와 서비스를 시작해 동력을 확보하길 바란다.

**15~22점 이하**
이해는 어느 정도 했으나 실전에 적용하기에는 부족함이 많다. 목표를 좀 더 구체적으로 세우고 조직원들과 함께 비전 공유 후 실천하길 바란다.

**7~14점 이하**
아직 이해도가 부족하고 조직과 산업에 적용하려면 상당한 시간이 필요하다. 하나씩 차분히 공부하고 이해도를 넓히면서 프로세스를 밟아보길 권유한다.

# 7

# 블록체인 매니지먼트를
# 구축하는 프로세스

블록체인 매니지먼트를 구축하는 단계를 아래와 같이 크게 4단계(I-II-III-IV)로 분류한 뒤 12개의 세부 순서로 정리해 보았다. 단계별로 추진하면서 도입해보자.

## 블록체인 매니지먼트 프로세스

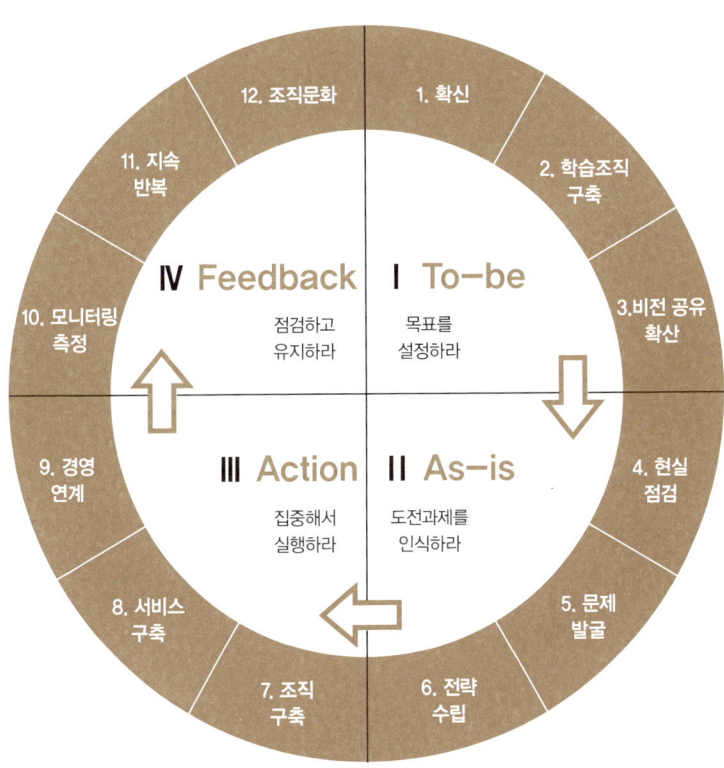

# 단계 I.
# 목표 설정하기(To be)

### 확신

수많은 제품을 발명한 딘 케이먼*의 일화. 케이먼이 고객에게 신장투석기를 개선해 달라는 요청을 받고 밸브를 개선했지만, 밸브가 지엽적인 문제일 뿐 근본적인 해결책은 아니라는 걸 발견했다.

본격적으로 새로운 신장투석기를 디자인하려고 하자 회사에 있는 2명의 MBA 출신들이 반대했다. 고객이 의뢰하지도 않은 일일뿐더러, 자

---

* Dean L. Kamen(1951~) : 개인 이동형 장치로 유명한 나인봇이나 나인봇 미니의 원조는 세그웨이다. 세상을 떠들썩하게 했던 이 동수단 세그웨이는 딘 케이먼의 작품이다. 후일 샤오미의 자회사인 나인봇이 엄청난 자본을 앞세워 세그웨이를 인수하고 샤오미 나인봇이나 나인봇 미니 등 개량형 탈것을 시장에 내놓는다.

본투자수익률이 높지도 않는 일을 한다며 '미친 짓'이라는 거다. 케이먼은 분노해 소리쳤다.

"니들이 우상으로 여기는 J.P모건 있지? 만약 모건이 미국 서부에 철도를 놓아야겠다고 말하면 니들이 뭐라고 반대할지 뻔하지. 자본이 소요된다. 수익도 불확실하다. 거긴 빈 땅이라 아무도 없다 이러면서 말이야. 니들 같은 반대에 모건이 '이 바보들아! 나도 거기 아무것도 없다는 것쯤 알고 있어. 그게 바로 내가 철도를 놓으려는 이유야!' 이렇게 쏘아붙일 거다"*

상상력을 키워라. 상상력은 확신의 가장 중요한 재료다. 블록체인으로 다가올 미래를 선도해 개인적으로나 조직에서 흐름을 이끌겠다는 다짐이 필요하다.

미국의 문화인류학자인 마가릿은 "소수의 헌신적인 사람들이 세상을 바꿀 수 있다는 점을 의심하지 말라. 사실 세상을 바꾼 사람은 그들뿐이다"라고 말했다. 확신이 필요하다면 역사에서 배우고 인간 본성을 이해하자.

하나 더, 기술의 발전도 확인하자. 빅데이터, AI 같은 기술은 발전하는 만큼 공포도 뒤따른다. 블록체인이 더욱더 매력적으로 다가오는 이유는 '불확실한 인간'을 보완할 '신뢰'가 키워드이기 때문이다.

---

\* 권오상 《엔지니어 히어로즈》, 청어람미디어

골리앗 대 다윗의 싸움을 기억하라. 쥐는 공룡을 이겼다. 변하지 않는 기업은 변하는 기업에 도태된다. 30~40대라면 인터넷이 어떻게 소통의 방법을 바꿨고, 비즈니스를 재편했고, 새로운 세상을 만드는 데 일조했는지 상기해 보자.


### 학습조직 구축

세계 최대의 전자상거래 기업 아마존이 인수한 자포스에는 '배우는 조직'으로서의 진면목을 보여주는 '상근 코치제도'가 있다.*

밀레니얼 세대로 불리는 젊은 조직원들은 빠른 피드백과 성장을 원한다. 6개월이나 1년에 한 번 하는 요식 학습 행위로는 그들을 만족시키지 못한다.

자포스를 필두로 직원의 잠재력을 중요시하는 회사는 코치나 멘토 제도를 갖춰 개인의 능력 향상을 장려하고 촉진하고 있다(국내에서는 포스코 경영연구소에 있는 김관영 전무가 포스코 재직 때 사내코치제도를 만들어 운영했다).

패러다임이라는 용어가 있다. 토머스 쿤이 《과학혁명의 구조》에서 처

---

* 이시즈카 시노부 《아마존은 왜? 최고가에 자포스를 인수했나》, 북로그컴퍼니

음으로 제시한 개념이다. 어떤 한 시대 사람들의 견해나 사고를 근본적으로 규정하는 테두리로서의 인식 체계, 사물의 이론적 틀이나 체계를 의미한다.*

토머스 쿤은 천동설에서 지동설로 이론 체계가 변화하는 과정을 예로 들었다. 지구를 중심으로 세상이 돈다고 하는 이들에게 지구가 돈다는 지동설은 자기 머리도 돌아버리게 할 정도로 혼란스러운 사건이었다.

붉은색이라고만 믿던 세상이 실은 붉은 안경을 낀 자신이었다는 걸 인정해야 한다. 블록체인을 공부하고 배워야 한다. 그리고 배움을 나눌 조직을 구축하자.

임원이나 리더는 보스가 되지 말고 촉진자(퍼실리테이터)나 코치 역할이 효과적이다. 내부 촉진자나 코치가 될 자신이 없으면 외부에서 고용하는 것도 방법이다. 지식에 쉽게 접근할 수 있게 도와줘야 한다. 학습 동기는 지식 접근성이 얼마나 좋으냐, 학습조직이 얼마나 헌신적으로 구축돼 있느냐에 따라 달라진다.

개인과 조직이 학습하려면 자극이 있어야 하는데 기술 진보는 가장 중요한 촉매제가 된다. 눈으로 세상이 돌아가는 걸 보면 믿기 시작한다. 인적 접촉도 좋은 도구다. 사회 구성원들 간에 접촉을 더 활발히 하도

---

* 위키백과 《패러다임》 https://goo.gl/HWUbtr

록 격려하자.* 다른 이들을 만나게 하고 세미나나 콘퍼런스에 보내고 무엇을 배웠는지 공유하도록 하자.

### 비전 공유와 확산

마윈은 IT 지식 하나 없이도 알리바바를 중국 최고의 전자상거래 기업으로 이끌었다.

"1995년께 중국에서 인터넷 사업을 하면서 매우 외로웠다. 누구도 날 믿지 않았고, 나도 내가 뭘 말하고 있는지 몰랐다. 심지어 나는 컴퓨터 기술에 대해서 아무것도 몰랐다" 그가 가진 것은 인터넷 세상이 오리라는 확신뿐이었다.**

그는 신념 하나로 엄청난 비전을 쏟아냈다. 수익모델, 이익 같은 이야기는 초반에 하나도 꺼내지 않았다. 오직 '중국에 수백만 개의 공장이 있는데, 어떻게 하면 그들을 서방세계에 알리고 양지로 끌어낼 수 있을까?'란 질문만 직원들에게 묻고 또 물었다. 비전을 성취했을 때 이뤄질 물질적 보상과 바뀌는 세상을 그려줬다. 마윈의 신념에 매료된 직원들

---

\* 조지프 스티글리츠 《창조적 학습사회》, 한경비피
\*\* 허핑턴포스트 《알리바바 창업자 마윈 회장의 모든 것》 https://goo.gl/5MqvSY

은 모두 미친 듯이 일했다. 초반에는 무엇이 되고 안 되고 등의 규칙을 만들지 않았다. 이런 방향이면 무엇이든 좋다는 정도의 규범이면 충분했다.

직원들의 상상력을 키워야 한다. 리더가 촉진자가 되어야 한다는 건 아무리 강조해도 지나치지 않는다.

혼자 꾸는 꿈은 일장춘몽으로 끝나지만, 함께 꾸는 꿈은 현실이 된다. 앞 1, 2단계가 갖춰지지 않으면 공유와 확산은 초반에만 반짝하는 스파크로 끝날 수 있다.

학습조직은 블록체인 매니지먼트에 확고한 철학을 가졌는지, 함께 블록체인의 개념과 사례를 이해할 수 있는지 자문해야 한다.

# 단계 II.
# 도전과제 인식하기(As is)

### 현실 점검

필자가 전자상거래 사업을 시작하며 사업계획을 중소기업청에 발표하는 기회를 얻었을 때다. 준비하면서 먼저 팀원을 모아놓고 물었다.

"우리가 가지고 있는 게 뭐지?"

"우리가 해낸 게 뭐지?"

"우리가 이렇게 나간다면 해낼 수 있는 게 뭐지?"

하나씩 질문과 답을 주고받으면서 우리 수준을 파악할 수 있었다. 방을 깨끗이 치우려면 방이 얼마나 지저분한지 알아야 한다.

수영장에 시원하고 깨끗한 물이 들어와도 수영 실력이 안 된다면 그림의 떡일 뿐이다. 미래의 먹거리가 다가오고 있어도 테이블을 차려야 세팅을 할 수 있다. 기술과 철학을 도입할 준비가 돼 있는지 스스로 물어보자. 기회는 준비된 자에게만 머물 수 있다.

현재 무엇을 가졌는지 파악해 보자. 시스템 기반, 인적자원, 구축해야 할 비용 등을 자세히 따져보자. 현재 직원들은 어디까지 동의하고 있는지 리더의 철학은 어느 정도 수준인지 답해보자.

세상에는 벤처기업부터 대기업까지 업종과 조직 규모가 천차만별이다. 스타트업 창업자라면 몇몇 사람과 바로 실행할 수 있다. 작은 조직은 시작부터 구축할 수 있다. 모든 직원이 한 번에 비전을 세우고 공유할 수 있는 수준을 30명 정도로 본다.

거대 조직은 TFT부터 시작할 수 있다. CEO의 철학으로 기존 시스템을 블록체인 기반으로 접목해 보는 것도 가능하다.


## 문제 발굴

친구 둘이서 산속 깊은 계속에서 물장난하며 놀다가 건너편에서 입맛을 다시는 곰을 만났다. 멀리서 다가오는 곰을 보고 한 친구가 놀라서 재빨리 뛰려고 하는데 다른 친구는 도망가지 않고 침착하게 가방에서 운동화를 꺼내서 끈을 조여 맨다. 도망가려는 친구가 말한다. "자네, 곰이 얼마나 빠른 줄 아나? 그깟 운동화 신는다고 곰보다 빠를 것 같아?" 끈을 다 조여 맨 다른 친구가 눈을 찡긋하며 대답했다. "곰보다 빠를 필요는 없지"

'기대 상태와 현재 상태 사이의 차이'라는 공식으로 문제를 정의하면 '문제를 해결한다'라는 말은 기대 상태와 현재 상태를 같은 수준으로 맞춰서 문제의 크기를 0으로 만드는 과정이다.

무엇이 문제인지를 정의하라

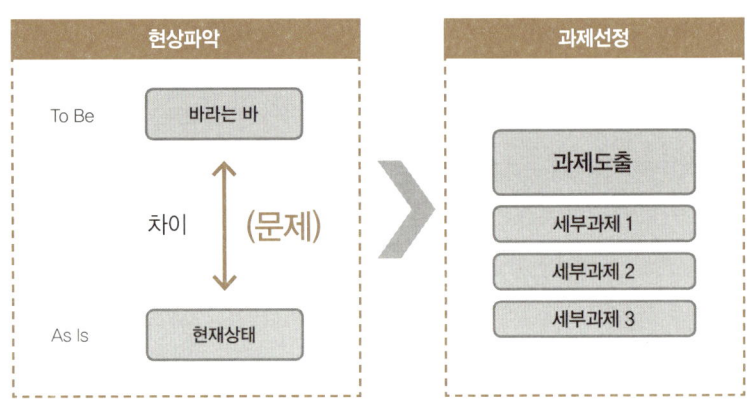

첫 번째 친구가 인식한 문제는 곰이 잡아먹는 상태고. 해결책은 곰으로부터 멀리 달아나는 상태다. 반면 운동화를 신은 친구가 인식한 문제는 친구와 같은 속도로 도망치는 상태고 해결책은 맨발로 뛰는 친구보

다 빨리 뛰는 상태다.

전자의 제약 조건(곰보다 빨리 뛰기)은 자전거나 오토바이 등 다른 수단을 이용하지 않는 한 해결이 어렵지만, 후자인 제약 조건, 즉 맨발로 뛰는 친구보다 빨리 뛴다는 건 이미 가진 운동화를 신음으로써 간단히 해결된다.*

이루고 싶은 모습과 현재 상황 사이의 차이와 요소를 분석해 보자.

### 전략 수립

경찰서의 가장 중요한 업무는 범죄자를 잡는 걸까? 소방서의 가장 중요한 업무는 불을 끄는 걸까? 그렇게 생각한다면 경찰서와 소방서는 범죄자가 득실거리고 불이 난 곳을 끄느라 정신없는 시간을 보내야 한다. 더 중요한 업무는 범죄자가 발생하지 않게 하고, 불이 일어나지 않게 하는 일이다.

캐나다 리치먼드 경찰서는 중요한 일에 우선 집중하는 방식으로 비용을 90% 절감했다. 범죄를 저지르는 청소년을 붙잡는 게 아니라 좋은 일(오토바이를 타면서 헬멧을 착용한다거나, 지정된 장소에서 스케이드 보드를 즐기는 일)을 하는 청소년들에게 칭찬 통지서를 발부해 영화관에 무료 입

---

* 유정식 《문제 해결사》, 지형

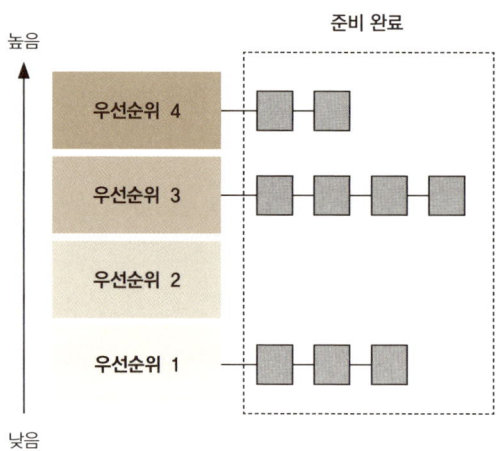

우선순위 설정*

* Priority Scheduling Assignment Help https://goo.gl/5qEtmF

장하거나 피자를 시킬 수 있도록 유도했다. 이 프로그램 운영 이후 지역 청소년 재범률은 60%에서 8%까지 떨어졌다.*

똑같은 시간과 노력을 쏟아도 어디에 쏟느냐에 따라 결과는 달라진다. 중요도나 우선순위를 설정한 뒤에 추진계획을 수립하자.

* 그렉 맥커운 《에센셜리즘》, 알에이치코리아

전략을 수립할 때 다음과 같은 사안들을 고려하라.

- 어떤 구조를 채택할 것인가?
- 어떻게 이해하고 이해시킬 것인가?
- 어떻게 참여하게 할 것인가?
- 어떤 보상체계를 갖출 것인가?
- 운영의 투명성을 어떻게 계속 확보시키고 공유할 것인가?
- 관리, 투표, 규율 제정 및 준수, 의사결정, 보고, 상별 등
- 이윤을 어떻게 배분할 것인가(초과이익공유제, 배당 이외의 기타)?

블록체인 매니지먼트가 맞닥뜨릴 현실적인 문제를 나열해 보는 것도 도움이 된다.

평판의 영향력이 더욱 커질 텐데 기존에 신뢰도가 낮은 이들이나 집단에는 어떤 기준을 가져야 할까? 익명성이 반드시 유용할까? 범죄를 저지른 사람은 자기 집 금고를 보여주고 싶어 하지 않는다. 어디까지 개인 정보이며 어디까지가 함께 공유해야 할 정보인지 합의점은 어떻게 이끌어야 할까? 기존 조직과 권력자들은 자기 정보와 권력을 내어주는 것에 얼마나 개방적일까? 만약 개방성이 떨어진다면 어떤 방법을 써서 수용성과 개방성을 높일 수 있을까? 집단 여론, 트렌드나 정보의 공유, 더 큰 성과 향상을 기반으로 한 설득은 어떨까.

# 단계 III.
# 집중해서 실행하기(Action)

### 조직 구축

포스코에서 포레카라는 문화 공간을 만들어 운영했을 때다. 회의실에서 게임도 할 수 있고, 편하게 누워서 휴식도 취할 수 있는 호리병 모양의 코쿤 의자도 군데군데 배치했다. 당구대와 커피숍도 들였다.

직원들은 부서 분위기 탓에 새롭게 생긴 시설을 활용하는 데 어려움을 느꼈다. "팀장님, 저희 팀도 새로 생긴 포레카에 한 번 내려가 볼까요?" "그래? 김 대리는 굉장히 한가한가 보네. 다른 직원들은 그런 소리 안 하던데? 요즘 할 일이 없어?" 묻는 김 대리만 뻘쭘해지고 곁에서 듣던 동료들은 알아서 가지 않는다.

결국, 회사는 조직 문화팀을 따로 꾸려 전사에 안내했다. 생겼으니까 쓰라고. 일주일에 최소한 한 번 이상은 새로 생긴 회의실에서 회의를 진행해 보라고. 반대하던 이들도 회사 정책이니까 "에이, 어쩔 수 없군. 그럼 다 같이 한번 내려가 보자고!" 하며 동참했다. 경험해 보니 좋다. 좋은 문화나 제도는 충분히 경험할수록 쉽게 전파된다.

전 직원들에게 동참을 호소하자. 명령할수록 반감만 커진다. 직원들에게 힘을 실어주고 참여를 끌어내야 한다. 책임져야 하는 이들은 권한이 함께 수반되어야만 지속가능성이 커진다.

직원들에게 시스템을 구축한다고 알려주고 해결책을 구하자. 아이디어를 모아 반영하고 변화를 수용하게 하자. 시연 등으로 디지털 활용도를 높이는 계기를 만들어도 좋다. 모든 것을 베일에 가리고 한꺼번에 완성하려고 하지 말자.

하나씩 완성되는 대로 조직원들에게 피드백을 받는 것도 중요하다. 함께 구축하는 과정 하나하나가 철학을 담겠다는 뜻임을 어필할 좋은 기회다.


## 서비스 구축

조직에서 블록체인 매니지먼트를 구축한 경험이 풍부해지면 외부 서비스, 가령 정부 사업이나 큰 조직에 컨설팅을 할 수 있다.

새로운 사업을 구상하는 데도 도움이 된다. TFT처럼 분사 이전 사내 벤처팀의 형식으로 활용할 수도 있고, 킥 스타터 같은 플랫폼을 고객과 함께 구축해 신규 비즈니스를 창출할 수도 있다.

블록체인에 접목할 수 있는 비즈니스를 찾아보자. 비즈니스 인사이더는 산업 내 블록체인 기술을 활용한 비즈니스들이 다음과 같이 뜨고 있다고 보도한다.*

> 국제거래 및 지급 / 금융시장 / 무역금융 / 규정 준수 및 감사 업무 / 자금 세탁 방지 / 불법 자산 추적 / 보험 / 개인 간 거래 / SCM(공급망 관리, Supply Chain Management: 부품제공업자로부터 생산자, 배포자, 고객에 이르는 물류 흐름을 하나의 가치사슬 관점에서 파악하고 지원하는 시스템. 오프 물류뿐 아니라 인터넷을 통해 전파되는 디지털 콘텐츠에도 포함된다) / 헬스케어 / 부동산 거래 / 미디어 산업 / 에너지 산업/ 기록 관리 산업/ 신원조회 / 전자 투표/ 세금 / 비영리 단체/ 주주 투표/ 사이버 보안/ 빅데이터/ 데이터 저장 산업/ 사물인터넷$^{IoT}$ 등

---

* Andrew Meola, 《Business Insider 'The growing list of applications and use cases of blockchain technology in business & Life》

실제 경영과 연계

블록체인 매니지먼트의 삼거지악이다.

첫째, 기술만 강조한다. 단순히 분산원장 기술, 암호화에 관해서만 국한해서는 안 된다. 직원들, 특히 IT에 취약한 많은 사람은 뭔가 어려운 걸 또 한다는 심리적 장벽에 맞닥뜨릴 수 있다. 블록체인 매니지먼트를 말할 때는 IT를 잘 모르는 일반 조직원들에게 돌아갈 혜택, 기회, 위험 등에 관해서 쉬운 용어로 전달해야 한다.

둘째, 철학 없이 이름만 가져다 쓴다. 〈파이낸셜 타임스〉 등에 따르면 나스닥에 상장된 연 매출 500만 달러의 작은 중소기업인 음료수 제조사 '롱아일랜드 아이스티 코퍼레이션'이 '롱 블록체인 코퍼레이션Long Blockchain Corp'으로 사명을 바꾸겠다고 밝히자마자 21일 주가가 한때 500% 치솟고 시가총액도 2,380만 달러에서 6,741만 달러로 뛰었다.*

핵심 사업을 블록체인 기술로 확장하기 위해서 사명을 변경했다고 했는데, 인프라나 경영자의 철학이 바뀌지 않고 사명 변경 검토만으로 거품이 끼는 것은 바람직한 모습이 아니다.

실제 블록체인 서비스가 구축되지 않으면 기대하던 소비자들이 더 크게 외면할 수 있다.

---

\* 중앙일보 '회사 이름에 '블록체인' 주가 500% 폭등' https://goo.gl/E9LtG7

셋째. 철학과 데이터를 공유하지 않는다. 다음 속담을 음미해 보자. 어느 날 두 양반이 푸줏간 주인에게 고기를 사러 갔다. 첫 번째 양반이 말했다. "박가야. 고기 한 근 썰어봐라!" 두 번째 양반은 "이보게 박 서방, 여기 고기 한 근만 좀 썰어 주시게"라고 말했다.

푸줏간 주인은 고기를 꺼내 두 손님 앞에서 한 근씩 끊어주었다. 고기를 받은 첫 번째 양반이 고개를 갸웃거리다가 발끈했다. "야! 이놈아! 어째서 같은 고기 한 근이 이리 차이가 나는 것이냐?" 푸줏간 주인이 픽 웃었다. "그거야 먼저 썬 것은 박가 놈이 썬 것이고, 나중에 썬 것은 박 서방이 썬 것이라 그렇습죠"

대접받고 싶은 대로 대하라. 똑똑한 경영자라면 조직원에게 데이터를 더 많이 이용하게 하고, 더 많은 권한을 주며 책임감을 느끼게 해야 한다. 세상은 점차 정보를 보호하며 공유하는 이들에게 신뢰를 보낸다. 철학과 데이터를 공유하지 않는다는 건 조직원들을 잠재적 범죄자로 대한다는 증거다. 그럼 그들도 당연히 거리낌이 없게 된다.

# 단계 IV.
# 점검과 유지(Feedback)

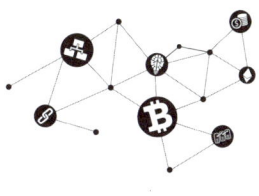

### 모니터링

해외 영업을 강화하려는 부서에서 접촉 횟수나 응대 건수를 높인 건 성과가 아니다. 매출이 성장하거나 영업이익률이 오르는 게 성과다. 신나는 조직 문화를 구축하려는 부서에서 워크숍 횟수나, 애로사항 청취 건수는 성과가 아니다. 직무 만족도나 행복 만족도 향상이 성과다. 고객 만족 역량 강화 부서에서는 고객 상담이나 불만 조사 횟수를 늘리는 게 성과가 아니다. 기존 고객의 재주문율이나 기존 고객 유지율이 성과다.

변화한 수준을 파악하는 건 다음 실행계획을 수립하는 데 무척 중요하다. 정확히 아는 것부터 출발한다. 100m 달리기를 13초대에 뛰던 사람이 12초를 목표로 삼는다면 피드백이나 훈련법이 달라져야 한다. 모니터링해야 할 요소들은 초기 전략 수립 때를 기준으로 Before, After로 분류해 파악한다. 잘됐거나 미진한 부분 모두 상호 피드백이 필요하다.

피드백은 상사나 임원이 부하 직원에게, 팀장이 팀원에게, 코치나 퍼실리테이터가 TF팀에 주는 것만을 의미하지 않는다. 부하 직원이 상사에게, 팀원이 팀장에게 TF팀이 코치나 퍼실리테이터에게 줄 수도 있다. 피드백을 주지 않는다면 적극적으로 요청해야 한다.

다양한 이해관계자들에게 받는 피드백은 효과적인 업무 추진에 필수적이다.* 사원 처지에서 상사인 박 과장과 김 과장의 행동을 보자.

어느 날부터 갑자기 회의시간에 직원들에게 존칭을 쓰기 시작한 박 과장. 직원들은 영문을 모른다. 반면 김 과장은 좀 다르다. 1주일 전 직원들에게 "내가 뭘 더 개선하면 자네들 일하는 데 도움이 되겠나?"라는 질문을 던졌다. 직원들은 "열정을 가지고 업무에 임하시는 건 멋있으신데, 회의 석상에서 저희에게 급하게 고함을 치시고 '야! 너!'라고 표현해서 좀 불편했습니다. 이름과 직함을 함께 불러주시면 고맙겠습니다"라고 피드백한다. 이후 직원들에게 존칭을 쓰기 시작한 김 과장.

두 과장에게 동시에 변화가 있었다면 직원들은 누구에게 더 신뢰감

---

* 최병권, 전재욱, 원지현, 문형구 《부하가 인식하는 상사의 피드백 추구행동과 리더십 효과성의 관계》, 조직과 인사관리 연구 제 36집 2권

을 느낄까? 전자는 "박 과장님이 요즘 뭘 잘못 먹었나? 며칠이나 가겠어?"라고 생각한다면 후자는 "우리에게 피드백을 받으시더니 뭔가 노력하시려고 하는 것 같아"라는 평판이 자연스럽게 따라온다.

### 반복

반복은 지식을 몸으로 익히는 제일 좋은 방법이다. 공부 고수는 분야 하나를 공부해야겠다고 다짐했다면 관련 도서를 100권 정도 반복해서 읽으라고 조언한다. 영민한 사람은 한두 권 읽어도 알겠지만, 보통 사람은 10권을 읽어도 잘 모른다. 이럴 때 좋은 게 반복이다. 20권, 30권 읽고, 읽던 책도 또 읽으면 그전에 놓친 구절이 보인다. 알 듯 모를 듯하던 이야기들이 다른 책의 다른 비유로부터 이해된다.

공자는 주역을 몹시도 자주 읽어 책을 맨 가죽끈이 세 번이나 끊어졌다고 한다. 몸으로 쌓이는 시간은 막연하던 개념을 실체화한다.

세계에서 제일 뛰어난 농구 슈터라고 알려진 스테판 커리 Stephen Curry의 슛 감각 비결은 단순하다. 경기 시즌 중 경기가 없는 날은 단체 훈련과 별도로 개인 훈련으로 슛 250개를 던지고, 비시즌에는 매일 500개의 슛을 던진다.

농구의 신이라고 불리는 마이클 조던은 하루 800개의 슛을 목표로 시작했다고 한다. 농구공을 던져본 사람은 알겠지만, 운동을 안 한 사람은 중거리 슛을 10번만 던져도 체력이 떨어지는 걸 느낀다. 이 악물고 그 10배인 100개를 던졌다면? 아마 다음날 어깨, 팔, 무릎, 발목 안 쑤신 데가 없으리라. 그런데 100개의 5배, 8배를 매일 해낸다는 건 무슨 뜻일까?

어떤 상황에서도 골대를 향해 공을 정확히 던질 수 있게 온몸의 근육을 장착한다는 뜻이다. 남들이 마크하는 상황, 이상한 자세로 뛰어올라야 하는 상황에서도 최적의 포인트를 찾아내 던질 수 있게 된다는 뜻이다. 반복이란 그만큼 중요한 행위다.

잭 웰치는 "10번 이상 얘기한 것이 아니면 한 번도 얘기 안 한 것과 같다"라고 강조하면서 회사 정책과 비전을 직원들과 공유하려는 노력을 아끼지 않았다.* 언젠가는 "하루 내내 너무나 많이 이야기해서 나조차도 지겨웠지만, 모두가 완벽히 이해할 때까지 끝없이 반복해서 이야기했다. 나의 커뮤니케이션 방법은 종종 과도한 면이 있었고, 어쩌면 강박관념으로까지 보였을지도 모른다"라고 회고했다.

---

* 잭 웰치 《위대한 승리》, 청림출판

### 조직 문화

사우스웨스트 항공은 저렴한 비용으로 고객을 이동시키는 걸 목표로 한다. 기내식에 참치 샌드위치를 제공하지 않는다. 대신 즐거운 여행 시간을 선호하는 고객들을 위해 CEO도 유머 경영을 하며, 유머러스한 항공 승무원들이 비행기 좌석을 안내한다.

CPU로 유명한 인텔에는 '평등'이라는 조직 문화가 있다. 차별과 특혜가 기술개발에 방해가 된다는 생각에 CEO였던 앤디 그로브도 전용 주차장이 없었다. 그가 주차하려고 주차장을 몇 번씩이나 도는 모습은 직원들에게 낯선 풍경이 아니었다.

현대 쪽 회사에 워크숍을 가면 직원들끼리 '해봤어?'라는 말을 자주 한다. 맨손으로 조선소를 세우고 자동차 회사를 만들었다는 고(故) 정주영 회장의 도전 정신 등이 사람들 사이에 살아 있다. 인화를 강조하는 LG는 배려나 선행이 남다르고 내부 직원들도 예의 바른 사람이 상대적으로 많다.

조직 문화란 개인과 조직의 태도, 행동에 영향을 주는 공유된 가치와 규범을 말한다. 조직 문화는 구성원들의 비공식적인 행동 규범이다. 자부심을 느끼고 열심히 일하도록 해주는 원동력이다. 조직을 통합하고 응집하는 역할을 한다.

필자가 겪었던 포스코 현장 문화는 단순히 시키는 대로 철을 만든다는 월급쟁이 태도가 아니었다. 내가 만든 철이 대한민국 산업의 근간이 된다는 소명의식이 현장에 깃들어 있다. 누가 보든 보지 않든 우리 제품에 자부심을 가진다는 것. 현장을 우선하는 문화는 사규나 매뉴얼만으로 만들어지지 않는다. 조직 문화는 구성원에게 정체성, 동질성, 그리고 행위지침을 제공하고 조직이 몰입하도록 촉진하며, 사회시스템의 안정을 높이는 기능을 수행한다.[*]

조직 문화가 변하려면 구성원 스스로 변화가 필요하다고 먼저 느껴야 한다. 참여해야 한다. 방향은 구성원들의 합의로 이뤄져야 한다. 시도해도 잘 안 될 것 같다고 사람들이 느끼면 '에이, 하나마나네. 원래대로가 낫네' 하며 툴툴거리기 마련이다.[**]

사람이 만들어 낼 무한한 성과를 믿는다면 제대로 된 장을 선사해야 한다. 펭귄은 육지에서는 짧은 다리로 우스꽝스럽게 뒤뚱거리며 걷는다. 균형도 잘 잡지 못한다. 이런 펭귄이 바다에만 들어가면 석유 1갤런 정도의 에너지로 4,000마일을 헤엄치는, 우리 계산으로 하면 리터당 2,000km를 수영할 수 있는 놀라운 선수로 탈바꿈한다. 펭귄은 그대로다. 역량이 발휘될 장소만 바뀌었을 뿐이다. 조직원이 뒤뚱거리듯 보인

---

[*] Deal, T.A., and Kennedy, 《Corporate culture》, Addison-Wesley.

[**] 윤대혁 《조직행동론》 무역경영사

다면 땅에다 자꾸 직원을 처박으며 왜 그따위냐고 닦달하지 말고 바다로 이끌어주자.

# 마지막 단계

### 신념의 힘

2011년 정보 비대칭성 연구로 노벨 경제학상을 수상한 조지프 스티글리츠의 말을 빌리자면 한국은 가장 뛰어난 학습사회다.* 1960년대 중반부터 지금까지 한국의 GDP는 17배 증가했다. 같은 기간 미국은 단 2배 증가했을 뿐이다. 아시아의 신화라고 불리는 말레이시아도 6배다. 오늘날 말레이시아의 1인당 GDP는 한국의 1/3 수준이다.

성공은 학습과 응용력의 상관관계에 있다. 2차 세계대전 이후 한국

---

* 조지프 스티글리츠 〈창조적 학습사회 Creating a learning society〉, 한경비피

의 문맹률은 78%였다. 지금 대한민국의 비문해 비율은 1%대다.* 그런데 정말 읽을 수 있는 걸까? 글은 읽는데 시대는 읽지 못하는 게 아닐까?

《부의 미래》를 쓴 앨빈 토플러는 '21세기 문맹자는 글을 읽지 못하는 사람이 아니다. 배운 것을 잊고 새로운 것을 배울 수 없는 사람이다'라고 말했다.

강의 때 참가자에게 자주 하는 말인데 인간이 지구상에서 멸종하지 않고 여기까지 생존과 번영을 이끌 수 있었던 데는 '상상력'과 '조직화'에 있다(이 조직화는 언어라는 도구로 구체화된다).

수많은 사람이 걸어가면 길이 된다. 역시 수많은 사람이 상상하면 현실이 된다. 인류 역사는 갈등의 역사였으며 특히 구세대와 신세대 간의 대결에선 더 강한 신념으로 실천한 쪽이 승리했다.

어떤 신념을 가지느냐 동참하는 이들이 얼마나 뭉치느냐가 세상을 만들어 가는 중요한 기준인 건 새로운 공식이 아니다. 세상을 바꾸는 리더는 이를 탁월하게 잘한다. 남들이 보지 못하는 것을 보고, 말도 안되는 세상을 먼저 꿈꾸고 다른 사람들에게 그걸 전파한다.

세상의 0.1% 정도가 이런 미친 사람인데 0.9%가 이 미친 소리를 알아듣고 지지하며 뭉치기 시작한다. 그들 주위에서 현실 왜곡장이 퍼진

---

* 조선 사회면 '한국 비문해율 1.7% 선진국 따돌렸다' 2008.12.

다. 불가능이 가능으로 바뀐다. 마틴 루서 킹도, 스티브 잡스도, 이순신도 모두 마찬가지다. 그들은 당대 사람들이 미친 짓이라고 비웃는 일들을 함께 믿는 사람들과 해냈다.

### 버닝맨을 꿈꾸며…

일 년에 한 번 8월 마지막 월요일부터 9월 첫째 월요일(노동절)까지 미국 네바다주 블랙록 사막에서는 버닝맨이란 문화축제가 열린다. 이 축제에서는 매년 전 세계에서 6만여 명의 사람이 날아와 일주일 동안 머문다.

이 향연의 가장 중요한 특징을 꼽으라면 창조, 자율 그리고 공유다. 서로 숙소를 개방해 공동체를 형성하고 필요한 물품은 물물교환하면서 자급자족한다. 어떻게 해야 한다는 룰도 없다.* 각자 자신이 처한 위치에서 가장 합리적인 방법을 선택하고 책임진다.

버닝맨 축제에서는 마약을 하거나 술주정을 부리는 이들이 있지만, 대부분은 창조적인 영감과 놀이에 흠뻑 빠져 거대한 축제를 견인한다.

사람들 대부분은 각자의 선한 의지를 믿고 세상이 좀 더 나아지기를 바라는 마음에 자신의 영감과 열정을 바치길 주저하지 않는다.

---

* 해럴드, '구글 문화 만든 사막축제' 부호들이 '버닝맨'으로 가는 까닭은? https://goo.gl/xE7KUF

모든 정보는 공유될수록 가치가 높아진다고 믿고, 우리가 보지 못한 전체는 우리가 아는 부분의 합보다 크다고 믿는다면 블록체인 매니지먼트를 진지하게 고민해 보자.

분권화는 민주주의와 자본주의의 결합에 시너지 역할을 한다. 전체가 관리, 계획, 통제하는 집단 생산 체제는 동기부여를 급격하게 떨어뜨린다. 집단 농업(협동 농장)의 생산성이 극도로 낮은 북한에서도 사유 생산품으로 인정받을 수 있는 뙈기밭에서의 수확은 협동 농장보다 3배나 높다.* 블록체인은 분권화를 도와 생산성을 높일 강력한 기술이다.

빅토르 위고는 "아이디어는 자신의 시기가 왔을 때 가장 강력하다"라고 말했다. 20년 이상 IT 업계에서 부를 쌓은 이들, IT 기술을 활용해 세상의 변화를 이끄는 이들이 블록체인을 주목하라고 말하고 있다.

많은 뉴스가 블록체인 기술을 대한민국의 금융권에 접목하는 데 약 2~3년이 걸릴 것으로 전망하고 있다. 이 말을 뒤집어 보면 시대를 선도하는 조직으로 치고 나가려면 앞으로 2~3년밖에 준비할 시간이 없다는 뜻이다. 이후에 블록체인을 각종 비즈니스나 경영에 접목한다는 건 주도권을 빼앗길 수 있다는 의미다.

버닝맨 이야기를 마무리하자면 버닝맨이란 이름은 마지막 날 저녁 30m 높이의 인간 형상 목조물을 태우는 행사에서 비롯됐다. 다른 참

---

* 진승권 《사회주의, 탈사회주의, 그리고 농업: 동유럽과 아시아에서 농업의 탈집단화》, 이화여자대학교출판문화원

가자들도 마찬가지다. '자유, 열정, 창조'라는 주제로 수개월 간 공들여 제작한 예술작품을 모조리 불태운다.

"구글은 혁신을 창조하지 않는다. 다만 조직원들이 창조할 수 있는 환경을 만들 뿐이다" 구글의 창업자 래리 페이지와 세르게이 브린은 버닝맨에 열광한다. 제품이 아닌 경험을 창조하는 모티브, 기존에 만든 것을 파괴해 새로운 것을 만들어낸다는 버닝맨 문화는 네바다 사막이 아닌 지금 대한민국에 필요한 게 아닐까?


## 나는 당신을 봅니다

영화 아바타에 나오는 가상의 종족 나비족(Na'vi)의 인사는 'I see you'다. 단순히 번역하면 '나는 당신을 봅니다' 정도지만 '나는 당신 내면의 선함을 알고 있습니다' '나는 당신을 믿습니다' '당신을 사랑합니다'라는 의미로 쓰인다.

주인공인 지구인 제이크도 처음에는 보이는 것만 믿다가 그들의 내면을 알려고 노력할수록 판도라의 생태계를 믿게 된다. 보이는 것보다 보이지 않는 게 더 많은 것을 볼 수 있다는 함축적 의미다.

경남과학기술대 경제학과 박종현 교수는 한 칼럼에서 블록체인을 기술과 시장의 문제지만 동시에 사회와 윤리의 문제라고 말했다.*

　기술 발전은 향상성과 욕망에 사로잡힌 인간이 필연적으로 마주하게 될 모습이지만, 인간은 어떤 생각으로 그 기술을 활용하려는 건지 아직 생각을 정립하지 못했다.

　기술에는 그 자체로 선과 악이 없다. 칼은 날카로울수록 칼의 기능을 충실히 수행한다. 더 잘 베는 칼을 만드는 건 기술자의 몫이지만 이 칼로 사람을 해치는 데 쓰느냐, 음식을 요리하는 데 쓰느냐는 오로지 칼자루를 쥔 이의 생각에 달렸다.

　우리가 어떤 세상에서 살기를 바라고 어떤 보람을 얻으려 하고 어떤 존재가 되려고 하는지 성찰이 필요한 시점이라는 그의 칼럼에 공감이 가는 건 이런 이유 때문이다.

　지프는 튼튼한 군용 4륜 소형차의 대명사가 됐다. "구글링해봤어"라는 질문은 검색해 봤냐와 동의어가 됐다. 모바일 메신저로 연락하라고 하지 않고 카톡 하라고 말한다. 수많은 인공지능 바둑 소프트웨어는 알파고의 후속 버전이다.

　이제 '신뢰할 수 있어?'라는 말은 '블록체인 돼 있어?'라는 말로 대체될지 모른다. 블록체인의 기술적인 부분들을 직접 만들지 못해도 좋다. 인터넷을 하는 모두가 다 서버를 구축했던 게 아니다. 경영자였던 마윈은

---

* 박종현의 공감의 경제 '블록체인으로 꿈꾸는 세상', 한겨레 https://goo.gl/Pk1JP2

꿈꾸고 직원들과 공유하고 엔지니어가 함께 개발했을 뿐이다. 철학을 공유하고 정보를 공유하는 행동만으로도 위대한 출발이 될 수 있다.

미국의 유명한 사회운동가 헤나시는 '한 사람의 혁명 one-man revolution'을 늘 외쳤다. "만약 당신에게 용기가 있다면, 사람이 마땅히 그래야 한다고 당신이 생각하는 대로 오늘 당장 살기 시작할 수 있다. 사회가 바뀔 때까지 기다릴 필요가 없다. 세계를 변화시키는 방법은 자기 자신의 변화다"

변화를 위해 노력할 때 주변인들은 그렇게 해서 세상을 바꿀 수 있겠냐고 물었고 그럴 때마다 그는 대답했다.

"아뇨. 하지만 (부당한) 세상이 나를 바꿀 수 없다는 것은 확신합니다."

희망은 밖이 아니라 내 안에 있으니까. 꿈꾸는 자의 어둠은 어둠이 아니다.

가장 위험한 상태는 모르고 있다는 걸 모르는 상태라고 한다. 이제 당신은 알게 됐다. 용감한 자에게 새로운 세상이 열리고 있다. 디지털화가 가속하며 세상의 무의미한 존재였던 개인이 중요해지고 있다.

개인은 무엇을 열망하고 있을까? 더욱더 큰 프라이버시, 더욱더 쉬운 접근, 더욱더 쪼개지는 권력, 더욱더 열린 기회의 갈증이 다음 10년을 덮칠 것이다.

그렇다. 지금까지 당신이 읽은 것은 조만간 우리 미래에 닥쳐올 파도다. 이 책을 읽은 이들이 이 거대한 파도의 물결에 올라타 21세기 신흥 강자가 되기를 진심으로 바라본다. 새로운 경영의 시대, 새로운 인간의 시대, 새로운 성과의 시대가 온다. "I see you" 나는 당신이 만들어 나갈 미래를 본다.